Milan Bachraty

Vom Ansprechen zum Date

Über Autor

MILAN BACHRATY, geboren 1979, wuchs in einem streng katholischen Elternhaus auf. Bis zum Alter von 25 machte er so keine nennenswerten Erfahrungen mit dem schönen Geschlecht. Nach seinem Abitur entschloss er sich zu einem Studium der Ingenieurwissenschaft, das er 2002 an der TU Berlin - anfangs ohne ein Wort deutsch zu sprechen - fortsetzte und 2005 erfolgreich zum Abschluss brachte.

Nach seinem Abschluss arbeitete er ein Jahr als Entwicklungsingenieur in Aschaffenburg. Dieses Jahr markierte gleichzeitig den zentralen Wendepunkt in Milan Bachratys Leben. Frustriert und abgeschieden, ohne Freundin und erfülltem Leben beschloss er, seinen Job an den Nagel zu hängen und einen radikalen Neuanfang zu machen. Er verließ Deutschland und zog ohne Englischkenntnisse nach London, wo er bis Ende 2007 als Project Manager tätig war. In dieser Zeit stieß er erstmalig auf die Pick-Up (Verführungs-) Community. In nur acht Monaten vollzog er eine außergewöhnliche Entwicklung, die aus einem schüchternen und introvertierten Akademiker einen der anerkanntesten Meister-Verführer in der europäischen Pick-Up Szene machte.

Seit Januar 2008 leitet er PUATraining.de in Berlin, eine der größten und erfolgreichsten Pick-Up Artist Companys für Flirt- und natürliche Verführungskunst im deutschsprachigen Raum. Mehr als 800 Männer haben seitdem an seinen Seminaren und Einzeltrainings teilgenommen und konnten so mit Hilfe des mehrfach erprobten Werkzeugkastens eines Pick-Up Artists erfolgreich in ein neues, erfülltes Leben mit Frauen starten.

MILAN BACHRATY

VOM ANSPRECHEN ZUM DATE

MASTER DEIN OPENING

Bibliografische Information durch
Die Deutsche Nationalbibliothek:
Die Deutsche Nationalbibliothek verzeichnet diese
Publikation in der Deutschen Nationalbibliografie; detaillierte
bibliografische Daten sind im Internet über http://dnb.ddb.de
abrufbar.

ISBN 978-3-86870-108-1

www.rediroma-verlag.de
12,97 Euro (D)

Jeder kann Pick-Up lernen und
seine Traumfrau verführen,
aber nicht jeder tut es.

Milan

Inhalt

„Du kannst jede Frau
problemlos und selbstbewusst
ansprechen,
wenn du selbstbewusst mit
einer Niederlage
umgehen kannst."

Milan

Vorwort

In diesem Buch findest du alle nötigen Techniken, um in jeder Situation eine natürliche Konversation mit Frauen anzufangen. Ich garantiere dir, wenn du dieses Buch liest und alle hier beschriebenen Techniken verwendest, wirst du ein Meister in Sachen Opening, problemlos an ihre Telefonnummer kommen – und ohne Umwege direkt zum Date.

Viele Opener stammen von mir, manche sind schon jahrelang bekannt. Aber es ist nicht wichtig, wie alt ein Opener ist, solange er seinen Sinn erfüllt. Einen Opener selbst zu erfinden ist außerdem nicht schwer. Viel wichtiger und schwerer ist es allerdings, jemandem beizubringen, wie er mit jedem Opener eine natürliche Konversation mit jeder Frau anfangen, sie erfolgreich weiterführen, und schlussendlich ihre Telefonnummer bekommen kann, so dass er sie wiedersieht. Darum geht es in diesem Buch. Alle Opener wurden von meinen Studenten und mir persönlich Tausende Male in den verschiedensten Situationen und Ländern getestet. Es hat viel Zeit gekostet herauszufinden, wie, wann und wo sie am besten funktionieren und wie man sie seinen Studenten am besten beibringen kann. Nicht nur die Opener wurden getestet, auch die Reaktionen der Frauen und wie man aus jedem Opener sehr natürlich zu einem normalen Gespräch kommt, dieses in einen Flirt überleitet und mit einem N-Close und oder K-Close beendet zum Abschluss bringt.

Wie man dieses Buch liest

Am meisten wirst du von diesem Buch profitieren, wenn du es von Anfang bis zum Ende komplett durcharbeitest. Viele werden sicherlich gleich zu den Openern springen, alle Opener aufschreiben und direkt ausgehen, um Frauen anzusprechen. Das ist auch gut so. Du musst jede Situation und jede Möglichkeit nutzen, um auszugehen. Wenn du dich nicht entscheiden kannst, ob du zu Hause bleiben sollst und dieses Buch liest oder ausgehst, solltest du immer das Ausgehen bevorzugen.

Mein Tipp: Schreib die Opener aus diesem Buch in dein Handy! Siehe hierzu auch Boni zu diesem Buch auf Seite 200.

Früher oder später wird jeder zum theoretischen Teil des Buches kommen und es am besten mehrmals durchlesen. Da alle Informationen des Buches meinen Erfahrungen aus der Praxis entspringen, ist der ganze Theorieteil nicht weniger als Praxis zu verstehen. Ich habe das Buch mit dem Ziel geschrieben, dir die Möglichkeit zu geben, deine Traumfrau kennen zu lernen und mit ihr eine Beziehung aufzubauen.

Die Theorie und die Opener, die in diesem Buch beschrieben sind, können aus jedem Mann einen gnadenlosen Ladykiller machen. Deshalb übernehme ich keine Haftung für entstandene „Schäden“ auf Grund der Benutzung meines Buches.

Ich will nicht, dass dieses Buch am Freitag oder Samstagabend gelesen wird. Ich will, dass du in dieser Zeit draußen unterwegs bist und mit Frauen sprichst.

Anmerkung für das weibliche Geschlecht: In diesem Buch verwende ich öfter Bezeichnungen wie HB (Hot Babe – heiße Frau) oder UG (Ugly Girl – unattraktive Frau oder Hindernis). Ich bitte euch Frauen, nicht beleidigt zu sein. Es geht nur um die Terminologie, weil es in verkürzter Form einfacher ist, den Gesamtkontext zu verstehen. So muss ich nicht jedes Mal schreiben: Die Frau, die du gut findest, oder die Frau, die du nicht attraktiv findest. Diese HB und UG Bezeichnung ist sehr subjektiv und von Mann zu Mann verschieden. So ist die UG des einen das HB des anderen. Für jede Frau gibt es auf dieser Welt einen Traummann, den sie eines Tages kennen lernen wird.

Pick-Up Artist Glossar

In diesem Buch verwende ich eine kleine Anzahl von Verführungsbegriffen, die sich in der Pick-Up Artist Community, dessen Internet Foren und Lairs (lokale Gruppen und Treffpunkte von Leuten, die sich mit Verführungskunst beschäftigen) verbreitet haben.

Ich habe niemals diese Foren im Internet benutzt oder aktiv an ihnen teilgenommen. Nach meiner Erfahrung tun das die wenigsten, wirklich erfahrenen PUAs, weil dort schlicht und ergreifend die Qualität fehlt. Die Wahrheit im Umgang mit attraktiven Frauen befindet sich nicht hinter der Tastatur, sondern auf der Straße/Clubs, etc.

Ich werde ein paar dieser Begriffe verwenden, um verschiedene Konzepte besser zu erklären.

PUA: (Pick-Up Artist) Verführungskünstler
MPUA: (Master Pick-Up Artist) Meister-Verführungskünstler
PUG: (Pick-Up Guru) sehr bekannter und erfahrener Pick-Up Artist, der sein Wissen und Know-How weitergibt
Natural: Ein Mann, der natürlich gut mit Frauen umgehen kann
AFC: (Average Frustrated Chump) Der typische Mann mit wenig bis keinem Erfolg bei Frauen
HB: (Hot Babe) Heiße Frau (beziffert von 1-10, wobei 10 für die hübschesten Frauen steht)

SHB: Super Hot Babe (9er & 10er) / Superheiße Frau (HB9 & HB10)

UG: (Ugly Girl) unattraktive Frau

Opener: Gesprächseröffner beim Ansprechen einer Frau. Das Erste, was du zu ihr sagst

Killen: (Killen einer Bar) Ansprechen aller Frauen in der Bar, damit ist dieser Ort vom Aufreiß-Potential her tot.

Set: Gruppe von Mädchen (z.B. 2er, 3er Set etc.)

Mixed Set: Gruppe, in der auch Männer sind

Cold Approach: Das Ansprechen einer Frau, die man nicht kennt (z.B. auf der Straße, in der Bar, im Club etc.)

Warm Approach: Die Kontaktaufnahme mit einer Frau in Komfortumgebung (wie z.B. im Freundeskreis, Arbeit, Tanzkurse usw.)

AMOG: Alpha Male Of Group / Alphamann der Gruppe

Kino: (Berührung) Erzeugt emotionale Verbindung

DHV: (Demonstration of High Value): Demonstration von hohem sozialen Wert - durch selbstbewusstes Auftreten, oder Geschichten. Verlangt Übung, um nicht arrogant und eingebildet zu erscheinen.

Target: Das Mädchen, das du willst

Obstacle: (Hindernis) Andere Mädchen im Set, die du nicht willst (UG - HB6)

Direct: Direktes Vorgehen beim Ansprechen einer Frau. Zum Beispiel, indem du ihr ohne Umschweife direkt sagst, dass sie dir gefällt

Indirect: Indirektes Vorgehen beim Ansprechen einer Frau. Man benutzt z.B. einen Meinungsopener, zeigt erst einmal kein Interesse an der Frau und treibt die Situation erst langsam voran, bis die Gruppe entwaffnet ist und das Target anfängt, IOIs zu geben

IOI: (Indicator of Interest) Frau zeigt Interesse am Mann
Sargen: Ausgehen mit der konkreten Absicht Frauen anzusprechen
Wing / Wingman: Freund, mit dem du sargen gehst und der dir in bestimmten Situationen hilft – z.B. Obstacle im 2er Set beschäftigen
N-Close: (Number Close) Die Telefonnummer der Frau bekommen
E-Close: (E-Mail-Close) Die E-Mail Adresse der Frau bekommen
K-Close: (Kiss Close) Das Küssen der Frau
F-Close: (Fuck-, oder Full-Close) Sex mit der Frau
Day 2: Das erste Date

Game: (Das Spiel) Das Vorgehen bei der Verführung einer Frau wird in der Community als Game (Spiel) bezeichnet. Es beinhaltet die komplette Kunst der Verführung
LJBF: (Let's Just Be Friends) "Lass uns einfach Freunde sein!" Häufige weibliche Aussage, die zeigt, dass sie dem Mann Sympathie entgegenbringt, aber kein sexuelles Interesse
LTR: (Long Term Relationship) Feste längere Beziehung
NLP: (Neuro-Linguistisches Programmieren) Hypnose in Verführung. Viele Newbies und AFC's glauben daran und versuchen mit NLP Frauen zu verführen. NLP ist ausschließlich fürs Innergame. Alles andere ist nur Marketing. Kein „Natural" benutzt NLP im Field
Peacocking: (durch sein Äußeres Aufmerksamkeit erregen) Dies geschieht mit Hilfe von besonderen Kleidungsstücken, Schmuck oder anderen Modegimmicks. Verlangt und zeigt großes Selbstbewusstsein

Meine Story

Nach Abschluss meines Studiums an der Technischen Universität Berlin habe ich im Jahr 2005 als junger Ingenieur bei einer Entwicklungsfirma in der Nähe von Frankfurt am Main in der Forschungsabteilung gearbeitet. Mein berufliches Leben war recht erfolgreich und hat viel Spaß gemacht. Gleichzeitig hat es mich aber auch ziemlich viel Energie gekostet. Mein privates Leben hingegen lief überhaupt nicht so, wie ich es mir gewünscht hatte. 2005 war für mich persönlich ein sehr schwieriges Jahr. Ich war in einer neuen Stadt, hatte keine Freunde und keine Freundin. Ich war nie wirklich gut im Umgang mit Frauen, halt ein ganz normaler AFC. Bis zu diesem Zeitpunkt hatte ich nur zwei Freundinnen und ab und zu einen K-Close. Reine Glückssache.

Der Sommer war sehr heiß und während alle anderen mit ihren Freunden am See waren oder in Straßencafés saßen, war ich allein in meiner Wohnung. Der Kickertisch, den ich für meine Freunde und die geplanten Partys gekauft hatte, war schon eingestaubt - Alles in allem ein ziemlich frustrierendes Jahr. Alle dachten, dass ich ein optimales Leben führe: Guter Job, schöne Wohnung, gutes Gehalt - Alles wirkte nach außen hin perfekt.

Was sich aber in meinem Kopf abspielte, wusste niemand. Ich musste etwas ändern. Dafür war ich aber nicht mutig genug, weshalb ich es mit der Begründung, es gäbe schlimmere

Schicksale, dabei beließ und nichts änderte – und auch nichts versuchte.

Eines Tages fuhr ich meine Freunde in Berlin besuchen und nahm eine Frau über die Mitfahrzentrale mit. Sie erzählte mir, dass sie schon immer nach Australien wollte und hatte sogar Bilder von Sydney in ihrem Portemonnaie. Obwohl sie wenig Geld hatte, erfüllte sie sich ihren Traum und flog nach Australien. Ich sah, wie glücklich sie war. In diesem Augenblick wurde mir klar, dass ich endlich aufhören musste, von einem besseren Leben zu träumen. Ich musste meinen eigenen Traum leben. Als ich an diesem Abend in Berlin bei meinem Freund ankam, sprachen wir über dieses Thema. Ich sagte ihm, dass ich mit meinem Leben unzufrieden sei und etwas ändern möchte. Ich erwähnte, dass ich auch gerne mal nach Australien fliegen würde. Das Glück in den Augen der Frau hatte mich total angesteckt. Mein Freund sagte daraufhin: "Warum so weit nach Sydney, warum nicht London... Es ist doch direkt um die Ecke. Wenn Du etwas ändern willst, dann mach es und zwar direkt!"

So entschied ich mich, meine eigenen Träume zu leben, meine Zelte in Deutschland komplett abzubrechen und nach London zu gehen. Die Zeiten, in denen ich neidisch auf andere Männer starrte, die hübsche Frauen an ihrer Seite hatten, sollte ein für alle Mal vorbei sein.

Im Februar 2006 kündigte ich meinen Job und landete schließlich am 2. März am Stansted Airport: Keine Englischkenntnisse, keine Freunde, none, nothing... nur ein kleiner Rucksack und ein bisschen Geld. Trotzdem habe ich das Leben in London genossen:

Big Ben, Hyde Park, Partys in Clapham, Old Street, Acton Town, Konzerte am Trafalgar Square.
Nach vier Monaten war mein Englisch schon sehr viel besser. Ich bekam meinen ersten Job. Super Team, gutes Arbeitsklima. Aber ich wollte auch mein privates Leben verbessern.

Eines Tages habe ich im Internet diese Anzeige gesehen: "Wir sind ein paar Kerle und sprechen gerne über Frauen und Verführung. Wir tauschen Tipps und Tricks aus. Hast du Lust uns zu besuchen? James."

Mit meinen zwei Ex-Freundinnen hatte ich zwar nicht viel zu berichten, aber lernen konnte ich viel. Männer kennen zu lernen, die offen über Frauen sprechen, reizte mich am meisten.

Also ging ich dort hin und traf die damals größten Pick-Up Artists Londons: James De Marco und TomCat. Sie betrieben damals die "School of Seduction" und veranstalteten nur ein Gratisseminar.
James De Marco gab mir den Tipp, ein Buch zu lesen: "NEIL STRAUSS - THE GAME". So ging ich mit dem Gedanken nach Hause, möglichst bald einen ihrer richtigen Kurse zu besuchen, weshalb ich eigentlich überhaupt keine Lust darauf hatte, dieses blöde Buch zu lesen. Ein folgenschwerer Irrtum.

Von dem Moment, in dem ich begann dieses Buch zu lesen, veränderte sich mein Leben. Ich bin froh, dass ich die Pick-Up Artist Community entdeckte. Das Wissen, das ich durch sie erlangte, brachte mich in vielen Bereichen meines Lebens weiter.

Aber ein Buch zu lesen, reichte mir nicht. Ich las in kürzester Zeit noch 50 weitere PUA Bücher und probierte, das Gelernte in die Praxis umzusetzen. Ich ging jeden Tag aus und sprach 20 bis 30 Frauen am Abend an.

Ich habe mit den besten PUAs in London "gesargt", immer neue PUA-Routinen getestet und ausprobiert, eigene Routinen ausgedacht und in den verschiedensten Situationen getestet.

Ich wurde richtig süchtig. Es war beinahe wie auf der Uni. Ich brachte Pick-Up auf eine wissenschaftliche Ebene und habe so gelernt, Frauen besser zu verstehen. Was wollen sie? Wie denken und wie versteht man sie auf emotionaler Ebene? Wie kann ich eine Frau dauerhaft halten? Ich habe gelernt, was, wie und wann man etwas sagen muss, um jede Frau zu verführen und als Freundin zu haben.

Ich kann mich immer noch an einen Abend in einem Nightclub in London erinnern. Als ich ihn betrat wusste ich, ich bin hier nicht der bestaussehendste Mann, aber ich kann trotzdem jede Frau verführen. Und das Spiel ging los. Ich habe so sehr an mich geglaubt, dass es tatsächlich zu 100% funktionierte.

Ich war 5 Monate in der Pick-Up Community und schon viel weiter als meine Freunde, die teilweise bereits seit 5 Jahren dabei waren. Später kamen viele von ihnen zu mir und wurden meine Studenten. Ich wurde in der Londoner Pick-Up Community so bekannt, dass mich sogar James De Marco zu seinem Bootcamp als Gastsprecher einlud. Im Anschluss wurde ich sogar Hauptsprecher in seinen Kursen. Ich hatte es geschafft innerhalb weniger Monate

Master Pick-Up Artist zu werden. Wie Neil Strauss ging es auch mir:

"Hübsche Frauen sind nicht mehr eine Herausforderung für mich, sondern Spaß..."

Wenn ich jetzt auf das Jahr 2005 zurückblicke, kann ich es kaum glauben. Es hat sich alles geändert. Frauen wollten mit mir zusammen sein und Männer wollten sein wie ich. Ich hatte das erreicht, was 99% der Männer haben wollen: Mit den Frauen, die einem gefallen, das Leben zu führen, das man möchte. Das war mir sogar in Anbetracht meiner schlechten Englischkenntnisse möglich. Es machte mir Spaß, anderen Leuten das beizubringen, was ich perfekt beherrsche. Ich gab viele kostenlose Einzeltrainings (OneOnOne). Es ging mir nicht ums Geld. Ich lernte viele interessante Männer aus der ganzen Welt kennen, zu denen ich noch heute freundschaftlichen Kontakt habe.

James De Marco hat seine Dating Consultancy im März 2007 aus persönlichen Gründen geschlossen, so wurde ich zum Trainer ohne Anstellung.

Im gleichen Monat habe ich in einem Posh-Nightclub Richard La Ruina alias Gambler kennen gelernt. Unsere Art des Game unterschied sich zwar, aber seine ruhige Art beeindruckte mich und so begann ich als Trainer für PUATraining.com in London zu arbeiten. Im September 2007 eröffnete ich den deutschen Ableger PUATraining.de in Berlin. Seit März 2007 habe ich ungefähr 100 Bootcamps veranstaltet und ca. 800 Kunden betreut. In London war ich auch bei anderen Bootcamps zu Gast: Unter anderem bei Ross Jeffries oder „Project London“. In den USA habe ich in San Diego, Las Vegas und Manhattan interessante PUAs getroffen.

Ich erinnerte mich an das Glück in den Augen der Frau, die nach Australien reiste und wusste, ich hatte es endlich auch gefunden. Mit der richtigen Einstellung und Ausdauer schafft das jeder aus eigener Kraft.

Im Dezember 2007 hatte ich schließlich meinen Job als Ingenieur bei Firestone gekündigt, obwohl es mir dort sehr gut gefiel. Seit Januar 2008 bin ich Vollzeit Manager von PUATraining.de in Berlin und auch als Master Trainer zuständig.

Sowohl in der Vergangenheit als auch für die Zukunft war und ist es mir ein echtes Herzensanliegen, dass mehr Männer über die Pick-Up-Fähigkeiten verfügen und so ihr Leben von Grund auf verbessern. Pick-Up ist kein Kampf gegen Frauen, es ist ein erfüllender Lifestyle mit ihnen. Jeder hat das Recht darauf, diesen Lifestyle zu führen und so seine eigene Lebensqualität enorm zu steigern.
Es tut mir leid, wenn ein netter Mann keine Freundin hat. Es tut mir Leid, dass es immer noch solche Männer gibt, wie ich es im Sommer 2005 war.

Ich will mein ganzes Wissen an so viele Männer wie möglich weitergeben und meinen Teil dazu beitragen, dass sie alle MPUA Fähigkeiten beherrschen und diese für einen guten Zweck nutzen, nämlich eines Tages ihre Traumfrau kennen zu lernen.

UND DAS WIRST AUCH DU SCHAFFEN....

Viele Leute denken,
ich bin ein Natural.
Aber noch vor ein paar Jahren
stand ich auch an dem Punkt,
an dem du gerade bist.

Milan

Die geheime Pick-Up Artist Community

„Ein Pick-Up Artist ist ein Mann, der die Fähigkeiten eines Naturals beherrscht."

Milan

In den 90er Jahren wurden die „Naturals" (Männer, die natürlich gut mit Frauen umgehen) beobachtet und ihre Verhaltensweisen einstudiert. Aus den Maschen und Tricks, die diese „Naturals" unbewusst benutzen - wurden Techniken herausgefiltert, die man jetzt einfach lernen und anwenden kann.

Die Seduction Community trat nach der Veröffentlichung des Bestsellers „The Game" von Neil Strauss, auch bekannt als Style, in das breite Rampenlicht. Zuvor hatte die Community über Jahre hauptsächlich in Internetforen agiert, die durch eine kleine Reihe von Mitgliedern betrieben wurden.

VOM AFC ZUM PUA

Jeder PUA ist diesen Weg gegangen. Am Anfang benutzt du gelerntes Material. Dieses Material hilft dir, einen angenehmen und entspannten Umgang mit Frauen zu haben, weil du öfters mit Frauen sprichst und immer etwas Interessantes und Lustiges zu sagen hast. Die Frauen werden dich mögen, auch wenn sie während der Kommunikation mit dir manchmal merken, dass nicht alles von dir selbst kommt oder manches ausgedacht und auswendig gelernt ist.
Nach gewisser Zeit hörst du mit dem gelerntem Material auf und wirst ausschließlich Material verwenden, das zu dir passt: Geschichten aus deinem eigenen Leben mit der richtigen Wirkung auf das schöne Geschlecht. Du wirst zu einem Pick-Up Artist.

Diese Zeit dauert für jeden unterschiedlich lang. Nach meiner Erfahrung je nach Anwendungshäufigkeit zwischen drei Monaten und zwei Jahren. Deine Basis ist mit diesem Buch gelegt, es liegt nur an dir und deiner Bereitschaft zu üben, wann du zu einem richtigen PUA wirst. Doch lass dir sagen, mit diesem Buch bist du vielen Anderen schon weit voraus, weil du die Entscheidung getroffen hast, einen besseren Umgang mit Frauen zu erlernen.

Damit haben 80 Prozent der Männer ein Problem. Ihr starkes Ego wird ihnen nicht erlauben zu erfahren, was sie in diesem Leben verpassen werden.

DREI CHARAKTERE DER VERFÜHRUNG

Die meisten Männer legen nur ein ganz bestimmtes Charakterbild an den Tag, wenn sie versuchen ein Mädchen aufzureißen. Für extrovertierte Typen wird dies ein lustiger, sozialer Charakter sein der deutlich macht, wie wohl er sich dabei fühlt, eine ganze Gruppe zu unterhalten und für gute Laune zu sorgen. Für die meisten Männer, die unter dem Irrtum leiden, dass einzig die Rolle eines netten, stillen und freundlich-zurückhaltenden Gentleman ihre eigenen Chancen erhöht, wird dieser Charakter Mr. Komfort sein – angenehm und vertrauensbildend, aber nicht besonders lustig oder sexy.

Andere Männer wiederum werden einen starken sexuellen Vibe benutzen. All diese Methoden tragen zum Erfolg bei, aber wer nur eine verwendet, verbaut sich unnütz Chancen.

Nichts ist so wirksam, wie die Fähigkeit zwischen diesen drei Charakteren so hin und her zu wechseln, wie es die Situation erfordert. Wenn du wirklich erfolgreich mit Frauen werden willst, musst du lernen, jeden dieser Charaktere zum richtigen Zeitpunkt einzusetzen.

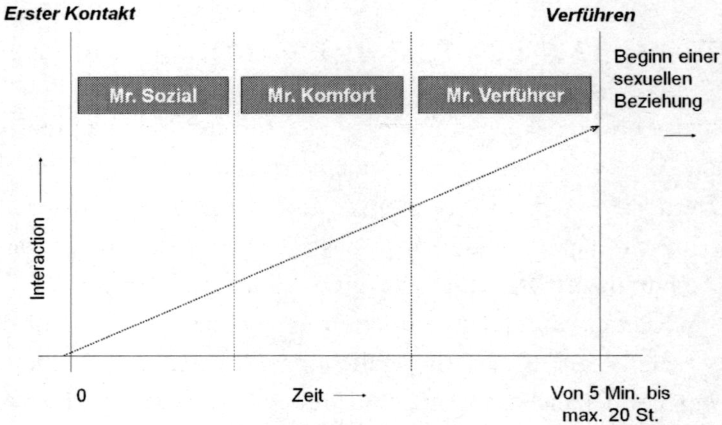

Drei Charaktere der Verführung

1. Mr. Sozial (Der gesellschaftsfähige Unterhalter)

Das ist der Typ Mann, den du beim ersten Ansprechen verkörperst. Er ist lebhaft und hinterlässt einen guten ersten Eindruck. Er weiß, wie er eine Gruppe von Leuten dazu bringt, sich wohl zu fühlen. Er zeigt schon in den ersten Minuten einen enorm hohen sozialen Wert. Für ihn ist es aber schwer, eine emotionale Verbindung mit anderen aufzubauen, weil er einfach zu viel Energie hat.

2. Mr. Komfort

Nachdem dir Mr. Sozial einen Platz in der Gruppe und ein Gespräch mit deinem Target gesichert hat, solltest du von nun an die Charaktereigenschaften von Mr. Komfort zu Tage treten lassen. Er ist gleichermaßen interessiert und interessant. Er hört die meiste Zeit zu und spricht nicht zwanghaft über sich selbst. Er versucht

Frauen zu verstehen, gemeinsame Interessen zu finden und baut ein harmonisches Verhältnis auf. Du musst Mr. Komfort sein, bis du mit dem Target gemeinsame Interessen gefunden und angefangen hast, eine Verbindung zu ihr aufzubauen. Die Zeit für Mr. Komfort ist nach diesem Punkt beendet. Er ist nicht sehr verführerisch und unbeholfen, wenn es ums Küssen geht. Würdest du jetzt bei Mr. Komfort bleiben, würdest du direkt in die Freundschaftszone hineinsteuern. Um dem zu entgehen brauchst du...

3. Mr. Verführer

Der Verführer setzt die gute Arbeit von Mr. Sozial und Mr. Komfort fort und macht Nägel mit Köpfen. Er tritt sehr sexuell auf. Wenn er mit einer Frau spricht, weiß sie, dass er sie will. Er spricht langsamer und mit einer tieferen Stimme, er berührt sie zunehmend in einer sexuellen Weise. Er hält beim Sprechen ihre Hand und hält intensiven Augenkontakt. Der Verführer kann reibungslos aus Mr. Komfort hervorkommen, da du mehr über die Frau erfährst und dich so mehr zu ihr hingezogen fühlst. Wenn du den Verführer von Anfang an zeigen würdest, sähe es so aus, als wenn du nur wegen ihres Aussehens Interesse an ihr hättest.

Wer musst du sein	**Mr. Sozial**	**Mr. Komfort**	**Mr. Verführer**
Was musst du machen	**Ansprechen** Interesse wecken	**Vertrauen aufbauen** Gespräche führen	**Verführen** Date & Verführung Logistik
Wo musst Du das machen	**Öffentlicher Ort:** Straße, Bar, Club	**Öffentlicher Ort:** Date, ruhiger Platz	**Privater Ort:** Möglichkeit um Sex zu haben
Das Buch von Milan	**Vom Ansprechen zum Date** Master dein Opening	**Master dein Komfort**	**Master deine Verführung**

Master Pick-Up Artist

EIN ECHTER PUA

Viele Leute fragen mich, wie kann ich einen guten PUA von den „Möchtegern-PUAs" unterscheiden. Es gibt sehr wenige wirklich gute PUAs. Viele erzählen einem nur angelesenen Stoff und haben so gut wie keine Praxiserfahrung.

Bei jedem Master PUA, den ich in den letzten paar Jahren kennen lernte, habe ich drei Gemeinsamkeiten gefunden, die ich dir hier nennen möchte. So kannst du in Zukunft leichter unseriösen Angeboten aus dem Weg gehen.

Ein MPUA:

1. Hat eine Freundin, die ihm gefällt, wann immer er will – jeder reife PUA hatte viele hübsche Frauen und weiß, er kann frei zwischen ihnen wählen. Das Ziel der Evolution ist, sich zu replizieren. Es ist uns vorbestimmt eine Frau zu haben. Aber nur ein MPUA kann die Frau finden, die er will und sie auch halten. Ein PUA, der jede Woche eine andere Frau hat, ist noch kein MPUA, weil er immer noch die Beste sucht. Ein MPUA hat sie (und sich selbst!) schon gefunden.

2. Kann jede Frau zu jeder Zeit und in jeder Situation problemlos ansprechen. Viele Pick-Up-Trainer bringen ihren Schützlingen bei, wie man Frauen anspricht, können es aber selbst gar nicht richtig. Und trotzdem verlangen sie sogar Geld dafür. Wenn du einmal vor der Entscheidung stehen solltest, eine Stunde bei einem Trainer zu buchen, sage ihm, er solle dir erst zeigen, was er kann. Wenn er ablehnt, ist er kein MPUA.

3. Hat eine „From Zero to Hero“ Geschichte – vom Loser zum MPUA. Dieses letzte Kriterium schließt die so genannten „Naturals“ aus. Also Männer, die natürlich gut mit Frauen sind. Man kann es ganz einfach testen. Die „Naturals“ oder andere unechte PUAs sprechen zwar über Routinen, aber sie können nicht sagen, wann man diese Routinen benutzen sollte. Pick-Up teilt sich in zwei Bereiche auf: Der erste sind die Routinen (gelerntes Skript) und der zweite ist es, den ganzen Prozess zu verstehen. Kein Natural versteht den Prozess, obwohl er ihn beherrscht. Das kann nur ein echter MPUA, der von ganz unten kam und so aus eigener Erfahrung genau weiß, auf was es wann ankommt.

Freue dich, wenn du eine
Abfuhr von einer Frau
bekommst und lerne daraus,
weil du später so diesen Fehler
bei einer besseren Frau nicht
mehr machen wirst.

Und es kommt bestimmt eine
bessere Frau.

Milan

Approach Anxiety (Angst vorm Ansprechen)

Als ich 18 war, spielten Frauen für mich keine besonders große Rolle, Sport und mein Abitur war mir wichtiger. Zu dem Zeitpunkt hatte ich die Hoffnung auf ein Leben mit gutaussehenden und interessanten Frauen einfach aufgegeben. Ich fühlte mich unattraktiv, was mir dementsprechend auch die Frauen öfter in dieser Zeit bestätigten.

An einem Tag, ich kam gerade vom Training, da saß dieses blonde Mädchen neben mir im Bus. Sie war wunderschön. Mein erster Gedanke war nur: Eine solche Frau werde ich nie haben können. Frauen ihres Kalibers sind nichts für mich. Ich darf sie nicht mal anschauen. Doch was passierte, plötzlich schaute sie mich an und lächelte. Ich wurde sofort nervös, habe angefangen zu schwitzen, in meinem Magen grummelte es und mein Herzklopfen war so stark, wie bei einem Eishockeyspiel in der letzten Minute. Ich bin im ganzen Gesicht rot angelaufen und traute mich nicht, sie anzusprechen. Sie schaute mich noch mehrmals freundlich lächelnd an.

Das Ende der Geschichte kennt bestimmt jeder Mann. Sie ist ausgestiegen und ich habe sie nie wieder gesehen.

Später habe ich darüber nachgedacht. Warum war ich so nervös? Logisch betrachtet wusste ich, dass es eigentlich kein Problem gab.

Hätte ich sie nach ihrer Nummer gefragt und sie hätte NEIN gesagt, dann hätte ich sie sowieso nie wieder gesehen.

Emotional gesehen gab es da aber ein großes Problem. Erst mit 26 Jahren erfuhr ich bei der Pick-Up Artist Community in London, wieso es diese Barriere gibt und wie ich sie überwinden konnte.

Dieses stark bedrückende Gefühl bevor du dich entscheidest, eine Frau anzusprechen, kennt jeder Mann. Jeder Mann hat es, sogar die besten MPUAs der Welt, auch ich. Gute PUAs haben aber gelernt, damit umzugehen.

Egal was du darüber liest und mit wem du sprichst, immer ist nur von einer einziger Approach Anxiety die Rede. Nach meinen Erfahrungen mit Pick-Up, lassen sich insgesamt aber drei verschiedene Typen von Ansprechangst unterscheiden:

APPROACH ANXIETY NO.1:

Vor der Entstehung der ersten Hochkulturen haben die Menschen mehrere Tausend Jahre in kleinen Gruppen von 50 bis 100 Leuten gelebt. Entwicklungsgeschichtlich betrachtet sind wir immer noch auf diese Lebensweise programmiert. Unser Denken, Fühlen und Handeln ist immer noch in hohem Maße auf das Leben in diesen kleinen Stämmen ausgerichtet. Die Triebfeder des Mannes beläuft sich evolutionsbedingt darauf, möglichst viele Kinder zu zeugen und seine Nachkommenschaft zu sichern.

Dafür brauchen wir eine Frau. Wir wollen schöne und gesunde Kinder haben. Also legen wir naturgemäß Wert auf eine schöne und gesunde Frau. Und genau deshalb spielt das Aussehen der Frauen für Männer eine so große, wenn nicht sogar die einzige Rolle bei der Partnerwahl.

Heute wie damals gab es meist eine ganz bestimmte Frau, die du am meisten begehrt hast. Wenn du sie angesprochen hast und sie dich einmal abgelehnt hat, sahen deine Chancen auch bei anderen Frauen in der Gruppe ungemein schlecht aus. Wer lebt schon gerne mit einem „Verlierer" zusammen. Deine Möglichkeit zur Fortpflanzung waren gleich Null. Traurig aber wahr. Es konnte sogar noch schlimmer kommen: Nicht nur deine eigene Nachkommenschaft stand fortan auf dem Spiel, wenn du zufällig die dem Stammesführer bestimmte Frau angesprochen hast, deine eigene bescheidene Existenz war hochgradig gefährdet, weil der Stammesführer jede Gelegenheit wahrgenommen hätte, sich seines Konkurrenten ein für alle Mal zu entledigen. Du wurdest schlichtweg umgebracht.

Darin liegt der Ursprung dieses komischen Gefühls vor einem jeden Ansprechen.
Bevor du eine Frau ansprichst, stellt sich dein Kopf auf einen Kampf um Leben und Tod ein, die emotionale Seite deines Gehirns geht auf Alarmstufe Rot: „Wenn ich jetzt was falsch mache, ist meine gesamte Zukunft zu Nichte gemacht und schlimmstenfalls werde ich sterben."

Du kannst es leicht testen: Trau dich und mach Bungee Jumping oder stelle dich einer anderen extremen Situation, bei der du sterben könntest - mit dem Motorrad 300km/h fahren, Wasser-

Scooter mit 90km/h usw. Du wirst feststellen, das ist genau das gleiche Gefühl wie vorm Ansprechen. Deshalb sehen inzwischen viele Männer Pick-Up als neuen extrem Sport.

Es gibt viele Angebote im Internet, die dir helfen wollen, deine Approach Anxiety zu überwinden.
Denk mal selbst nach: Was hilft dir, beim Bungee Jumping den Absprung zu wagen? Hilft dir ein Buch oder eine DVD? Nein, es hilft nur eins: Immer und immer wieder zu springen, deine Logik muss stärker als deine Emotionen werden. Deine Emotionen sagen: Du springst in 100 Meter Tiefe, also stirbst du. Aber deine Logik wird sagen: Du hast Seile an deinen Beinen, die dich halten und du bist schon 100 Mal gesprungen, alles wird OK.

Mit dem Ansprechen ist es das Gleiche. Deine Emotionen sagen: Du erhältst eine Abfuhr, du wirst umgebracht. Aber deine Logik sagt: Wenn ich überhaupt eine Abfuhr kassieren sollte, passiert gar nichts und ich werde schon 10 Minuten später eine andere HB ansprechen, die diese Erste überhaupt nicht kennt.

Im Unterschied zum regelmäßigen Bungee Jumping, hat Pick-Up einen großen Vorteil: Es gibt Hilfsmittel, um schneller voranzukommen:

WISSEN, WAS MAN SAGT

Dabei helfen dir die Opener - zusätzliches Wissen, wie das Gespräch ablaufen könnte und wie du reagieren solltest, wenn Sie dies oder jenes sagt. Ein guter Opener ist Gold wert.

Notiz am Rande: Hattest du schon einmal Approach Anxiety, als du auf der Straße eine sehr unattraktive, viel zu alte Frau angesprochen hast? Niemals. Ja, so geht es wohl den meisten. Deine Emotionen wussten, dass du diese Frau nicht wirklich willst. Die Wahrscheinlichkeit, dass dies die Frau des Anführers ist, ist zudem gleich Null. Es mag sich ein wenig hart anhören, aber so funktioniert unsere Gesellschaft. Männer sprechen zwar oft von der Wichtigkeit des Charakters einer Frau, aber schau dir mal die Freundinnen der großen Fußballstars an. Jede sieht wie ein Top-Model aus. Das und viele andere Beispiele sprechen doch Bände über die Vorstellungen des Mannes über eine ideale Frau.

APPROACH ANXIETY NO.2:

Es handelt sich hierbei um ein sehr interessantes Phänomen. Es ist wissenschaftlich nicht wirklich bewiesen, weil Psychologen und unechte PUAs nie auf die Straße gehen, um Frauen anzusprechen. Und alte verheiratete Männer und unsere Väter haben ohnehin meist verdammt wenig Ahnung davon und wissen oft nicht, wovon sie reden. Es gibt aber auch die andere Seite, die vor allem ziellos-umherirrende, hyperaktive Pick-Up Artists betrifft.

Ich kenne einen PUA, der in der Woche locker um die 500 Frauen angesprochen hat. Nach ein paar Monaten ist er in der Psychiatrie gelandet. Zwei andere PUAs, haben auch Frauen ohne Ende wie Maschinen angesprochen. Ich kannte sie ganz gut, so dass ich sagen kann, diese beiden hätten sich auch besser in ärztliche Behandlung begeben. Sie haben in den Foren dauernd ihre Nicknamen geändert, haben wenig gegessen und getrunken, ihre Freundschaften und den Job vernachlässigt und wurden so auch nach kurzer Zeit entlassen. Es interessierte mich natürlich, wo dieses Phänomen herkommt. Dafür ging ich in eine Bibliothek in Chelsea, wo ich von einer attraktiven Historikerin die Erklärung bekam.

In der Vorzeit, als wir noch in besagten kleinen Gruppen lebten (50-100 Leute) kam es manchmal dazu, dass man zufällig eine andere fremde Gruppe traf. Man hatte, um die Zukunft seiner eigenen Gruppe nicht zu gefährden, meist nur die Möglichkeit zu kämpfen und sich gegenseitig auszulöschen.

Heutzutage ist das natürlich nicht mehr so. Heute triffst du ständig fremde Leute. Aber das Gefühl, dass du jemanden umbringen sollst, um zu überleben und die ständige Gefahr, dass dich dein Gegenüber umbringen will, haben wir immer noch emotional in unseren Köpfen. Das „Killer-Gefühl" kommt immer bei jeder neuen Person, der du begegnest. Es dauert zwar nur einen Bruchteil von Millisekunden, aber es ist immer da.

Jetzt rein mathematisch: Wenn es nur eine halbe Sekunde dauert und ein PUA, der Fortschritte macht, spricht bis 700 Frauen in der Woche an, dann hat man das Gefühl ca. 50 Sekunden am Tag. Im Monat summiert sich das fast zu einer halben Stunde. Davon muss man irgendwann verrückt werden.

Ich will dir jetzt natürlich nicht einreden, weniger Frauen anzusprechen und obendrein noch deine Angst schüren, sie könnten dein eigen Leib und Leben bedrohen. Ich selbst habe über Jahre hinweg auch mehr als 50 Frauen am Wochenende angesprochen, dann war aber 2-3 Tage Pause. In mir kamen deswegen nie irgendwelche Selbstmordgedanken oder Depressionen auf. Wenn du Pick-Up auf die natürliche Art betreibst, wird es da auch nie Probleme geben.

Ich selbst spreche drei bis fünf Frauen in der Woche an (manchmal weniger). Dafür sind es aber nur die hübschesten und ich bin dabei sehr effektiv. Mit einer Erfolgsquote von fast 100%.

APPROACH ANXIETY 3: CLOSE-ANXIETY

Die dritte Approach Anxiety könnte man am ehesten als Close-Anxiety bezeichnen, weil es nicht um den Approach als solchen geht, sondern vielmehr um den Abschluss (Close).

Du wirst genau das gleiche Gefühl verspüren, das du von der Approach Anxiety kennst. Es kommt bei jedem Close: Number-Close, Kiss-Close. Jedes Mal, wenn es zu einer möglichen Abfuhr kommen könnte. Die emotionalen Folgen sind die gleichen wie oben beschrieben. Man kann sie aber auch hier sehr leicht überwinden. In diesem Buch werden dir auch Techniken beschrieben, die dir zeigen, wie einfach es ist, von hübschen Frauen die Telefonnummer zu kriegen.

Hier fällt mir eine lustige Story aus einem Workshop in London ein. Wie immer hatten wir einen Übungsteil, in dem die Studenten zusammen mit unseren weiblichen Helferinnen das Ansprechen, Kino, den N-Close usw. üben.

Wir waren zu diesem Zeitpunkt im TigerTiger Nightclub und es herrschte ein großes Durcheinander. Ich hielt den Workshop zusammen mit Beckster ab. Es kam der Moment, an dem wir den Überblick verloren, wer wann und wie oft mit den Helferinnen geübt hatte. Ein Student kam zu mir und sagte: „Milan, ich habe bisher nur einmal mit den Mädels geübt, wann bin ich wieder dran?“ Ich bemerkte ein „high quality“-Set mit zwei HB8 und einer HB9. Ich sagte dem Studenten: „OK, du gehst zu den Frauen und ziehst ein Opening mit anschließendem N-Close von der HB9 durch.“

Dieser unterdurchschnittlich aussehende Informatikingenieur, der bisher nicht viel im Leben mit Frauen zu tun hatte, unterhielt sich nun wunderbar mit dem ganzen Set. Die Mädels lachten: ein Späßchen, eine Routine gefolgt von der nächsten und Kino, alles lief perfekt.
Nach ein paar Minuten kam er zurück und sagte mir: „Geile Übung. Es lief perfekt. N-Close geschafft. Schade, dass es nur die Helferinnen waren.“

Ich sagte: „Das war keine Übung. Sie sind nicht von uns. Es war ein echtes Set. Herzlichen Glückwunsch zum erfolgreichen N-Close.“

Ich kann mich jetzt noch genau erinnern, wie er in diesem Moment anfing, zu schwitzen. Er konnte gar nicht fassen, was da gerade passiert ist.
Wir sind immer noch in Kontakt und er ist nach wie vor dankbar, dass diese Erfahrung seinen Umgang mit Frauen total veränderte. Alles ist möglich, egal wie du aussiehst. Die Grenzen sind nur in deinem Kopf.

Frage niemals eine Frau um
einen Ratschlag
bezüglich Frauen. Frauen
wissen selbst nicht, was sie
wirklich wollen, weil sie
emotional gesteuert sind.
Frage mal eine Frau,
was für einen Mann sie will!
Du bekommst niemals
eine klare Antwort

... im Gegensatz zu Männern.

Milan

Aussehen

Wenn ich sagen würde, Aussehen spielt keine Rolle, dann müsste ich lügen. Aber wenn ich sage, dass Aussehen der einfachste und am leichtesten zu bewältigende Teil auf deinem Weg zum MPUA ist, dann wird mir jeder erfahrene Verführungskünstler zustimmen.

Gut auszusehen hilft dir beim Opener, weil es dir etwas mehr Zeit gibt, die Frau für dich zu begeistern. Je interessanter du bist (nicht unbedingt hübscher), desto mehr Zeit gibt man dir. Direkt nach dem Ansprechen testen Frauen deine Persönlichkeit. Da hilft dir gutes Aussehen gar nichts. Ich hatte mal in London einen Studenten. Er war ein Supermodel. Er hatte keine Probleme Frauen anzusprechen. Aber ob du es glaubst oder nicht, die Frauen waren nach 10 Minuten alle gelangweilt und liefen ihm davon.

Aussehen ist der Teil des Game, bei dem es viel mehr darauf ankommt, welchen tieferen Gesamteindruck du bei einer Frau hinterlässt. Ein Supermodel muss nicht unbedingt hübsch sein. Wenn alle über einen reden, dann wird man meist automatisch als attraktiv wahrgenommen. Genauso ist es, wenn jemand in einer Comedy-Show auftritt. Er muss nicht unbedingt lustig sein. Die Zuschauer denken, wenn er hier auf der Bühne steht, dann muss er auch lustig sein. Mit dem Aussehen und der Attraktivität ist das genauso, deshalb kann man es auch verändern – und zwar sehr einfach und schnell.

Der beste und einfachste Weg, um als gut aussehend angenommen zu werden, ist:
Gute Frisur - investiere in einen guten Friseursalon
Interessante Accessoires - Ketten, Gürtelschnallen usw.
Saubere Schuhe – am besten gute Herrenschuhe
Saubere Klamotten
Gepflegtes Aussehen – rasiert, Fingernägel, gepflegte Zähne, Deo usw.

Diese Sachen kontrollieren Frauen an dir schneller, als du denkst. Blitzschnell. Sie sind so programmiert. Jede Frau, die einen Mann trifft, stellt sich immer emotional die gleiche Frage: Könnte dieser Mann der Vater meiner Kinder werden?
Wie werden wir als ein Paar zusammen aussehen?

Sauberkeit ist bei Frauen oberste Priorität!!

Am Anfang war es komisch und unnatürlich für mich, immer ein Sakko zu tragen, aber daran gewöhnt man sich sehr schnell. Besonders wenn man sieht, wie gut die Frauen darauf reagieren.

Alle aufgezählten Dinge zur Verbesserung deines Aussehens kann man für unter 200,- Euro kaufen, wenn du sie nicht schon hast. Es ist auf jeden Fall eine gute Investition, die du lange Zeit nutzen kannst. Bei einer Sache solltest du allerdings nicht sparen: Beim Parfüm. Frauen merken es, ob du ein billiges oder ein Markenparfüm trägst. Das liegt daran, dass Gerüche sehr stark mit Emotionen verknüpft sind und was für emotionale Wesen Frauen sind, habe ich ja oben bereits ausgeführt.

Selbstbewusstsein

Viele Leute suchen nach Wegen, sich Selbstbewusstsein anzueignen. Sie lesen Bücher, besuchen teure Seminare usw.

Selbstbewusstsein ist aber keine Eigenschaft, die man wie eine Sprache lernt, es ist wie beim Aussehen: Selbstbewusstsein definiert sich dadurch, wie du von anderen Leuten wahrgenommen wirst. Dabei hilft es dir, wenn du im Gespräch weißt, was zu sagen ist.

Wie kann es dir beim Ansprechen helfen, selbstbewusst zu sein, wenn du nicht weißt, was du sagen sollst? Wirkst du unsicher, stellst der Frau Interviewfragen, dann ist sie schnell gelangweilt und beendet das Gespräch.

Du bist automatisch selbstbewusst, wenn du über Dinge redest, die dir Spaß machen und dich genauso wie dein Gegenüber interessieren. Zum Beispiel über Hobbys oder deinen Job. Du weißt hier, was du sagen musst, das wirkt selbstsicher und strahlt Selbstbewusstsein aus.

Wenn dich jemand etwas fragt, von dem du keine Ahnung hast, läuft das nicht mehr so reibungslos. Egal, wie gut du drauf bist.

Deshalb werden wir uns gleich auf das konzentrieren, was du wann sagen solltest.

Viele Leute haben Angst, wenn sie einen Vortrag halten, sie werden nervös und denken im Publikum merken alle die Aufregung. In Wirklichkeit aber merkt es keiner. Beim Ansprechen von Frauen ist das genauso. Die Neulinge sind nervös und denken die ganze Zeit, dass die Frau es mitbekommt und wie peinlich das ist.

Vergiss das und geh Frauen ansprechen, auch wenn du nervös bist. Sie wird es nicht mitbekommen.

PICK-UP ARTIST SEIN IST EIN LIFESTYLE

Mein letzter Bürojob in London war bei Firestone. Dort gab es einen strikten Dresscode. Nur am Freitag durfte man Jeans anziehen. Ich habe immer ein Jackett, Hose und saubere Schuhen getragen. Klamotten, die ich trage, sind nicht unbedingt teuer, aber sie stehen mir und sie sind immer sauber. Die Leute fragten mich öfter: „Warum so schön heute?“. Ich habe dann immer nur gesagt: „Ich ziehe mich nicht wegen anderen gut an, sondern weil ich mich gut fühle.“

Die Regel der ersten 3 Sekunden

Du solltest jede Frau, die du gut findest oder das Set, in dem sie sich befindet, innerhalb von drei Sekunden ansprechen. Wenn du sehr viel länger überlegst, wird die Situation nicht besser. Die analytische Lähmung tritt ein. Wenn du dann die Frau die nächste halbe Stunde grübelnd anschaust, erscheinst du nur noch unsicherer und hast schon längst verloren, bevor du überhaupt etwas gesagt hast.

Also, möglichst wenig Zeit verschwenden! Du siehst sie. Du fühlst die Angst. Du weißt, du kannst es und gehst los.

Das waren die Ansichten, die du überall im Internet oder bei Workshops über die 3 Sekundenregel hören kannst. Jetzt kommt etwas, was auf meinen eigenen Erfahrungen mit Pick-Up beruht:

Es ist sehr einfach zu sagen: „Zähl bis 3 und dann los…“ Aber unsere Approach Anxiety ist manchmal so stark, dass wir das nicht immer so einfach machen können. Ich kenne das Gefühl aus meinen AFC Zeiten. Wenn du eine tolle Frau siehst und vorher nie eine solche Frau angesprochen hast, bist du nicht in der Lage überhaupt etwas zu sagen. Du bist nicht einmal in der Lage, dich zu ihr hin zu bewegen.

Die 3 Sekundenregel kann nützlich sein. Sie ist aber vor allem dann Schwachsinn, wenn du selbst unter enorm großem Druck stehst. Was der ersten Regel des Games widerspricht: Komfort. Wenn du unter Druck stehst, bist du nicht im Komfort. Wenn du schon nicht im Komfort bist, wie willst du eine Frau dann in Komfort bringen? Kein Komfort = keine Vertrauen = kein F-Close.

Also, wie kann man das überwinden? Es gibt 2 Regeln:

1. Warm-Up Set – Du sprichst ein Set von Frauen an, in dem sich kein Target befindet. Die Frauen brauchen dich nicht zu interessieren. Du sollst dich einfach nur mit ihnen aufwärmen, bevor du an die HBs rangehst. Was hinzu kommt: Die HBs in deiner unmittelbaren Umgebung können so schon sehen, dass du sehr unterhaltsam bist. Viele Männer denken, sie haben es versaut, wenn eine Frau sieht, dass sie sich mit einer anderen Frau unterhalten. Sie befürchten, als Macho vorverurteilt zu werden. Das habe ich auch in meinen AFC Zeiten gedacht. Die Wahrheit ist genau das Gegenteil. Darüber später mehr.

2. Bevor du eine Bar betrittst, musst du dir vorstellen, dort eine HB anzutreffen und du sprichst sie an. Das wird auch 100% passieren, deshalb gehst du ja in die Bar. Stell dir vor, wie du anfängst mit ihr zu sprechen. Was du sagst, wie sie darauf reagiert und du wiederum auf sie. So nimmst du das Gefühl der Aufregung vorweg und spürst immer mehr, es ist kontrollierbar. Du gewöhnst dich vorher immer mehr daran, dein Target anzusprechen, noch bevor du überhaupt weißt, wer dein Target ist.

Opener Gliederung

Alle Opener kann man in folgende Kategorien unterteilen:

Nach der Form des Ansprechens:

- Warm Approach – warmes Ansprechen
- Cold Approach – kaltes Ansprechen

Nach der Gliederung des Game:

- Direktes Game
- Indirektes Game – Meinungsopener

Nach der Situation:

- Daygame (Straße, Cafe, Park)
- Nightgame (Bar, Night-Club)

WARM APPROACH – WARMES ANSPRECHEN

Hier handelt es sich um das Kennenlernen einer Frau innerhalb des Bekanntenkreises. Zum Beispiel auf der Arbeit, im Tanzkurs, beim Sport oder meistens durch andere Freunde, aber auch bei privaten Partys.

Diese Art des Ansprechens ist sehr leicht und einfach. Der größte Nachteil ist, dass man nur eine geringe Auswahl an Frauen hat. Wenn andere Personen wie Eltern und Freunde dir Frauen vorstellen, braucht man eine starke Persönlichkeit, um Nein zu sagen. Schließlich will man niemandem vor den Kopf stoßen. Was bleibt ist aber dennoch: Die von anderen Leuten ausgewählte Frau entspricht nun mal nicht immer unseren eigenen Vorstellungen.

COLD APPROACH – KALTES ANSPRECHEN

Ansprechen einer Frau, die du zum ersten Mal siehst. Diese Art des Ansprechens hat den großen Vorteil, dass du die Wahl unter vielen Frauen hast. Ein Nachteil ist, dass du deine Approach Anxiety überwinden musst. Mit etwas Übung und wenn man weiß, was man sagen soll, geht es aber wesentlich leichter.

DIREKTES GAME

Das direkte Ansprechen einer Frau, um eine Verabredung oder Telefonnummer zu bekommen.

Beispiele:
„Hey, ich finde dich attraktiv und will dich kennen lernen."
„Hey, ich finde dich sympathisch. Wollen wir zusammen ausgehen?"
„Du gefällst mir und ich will dich kennen lernen."

Ganz ehrlich: Was denkst du was passiert, wenn du zehn HB10s (Super Hot Babes) so auf der Straße oder in einer Bar ansprichst, wie viel Erfolg würdest du haben?

Ich habe es mit meinem Wing in London getestet. Direktes Game hat nur bei einer Russin funktioniert, nachdem wir vorher schon 34 Frauen angesprochen hatten. Sie kam gerade nach London und kannte keinen und wollte deshalb unbedingt jemanden kennen lernen. Es war also ein reiner Zufall.

20% der Antworten waren: Ich habe keine Zeit. Natürlich ist das gelogen und eine Abfuhr, weil man immer Zeit finden kann, wenn man Interesse hat.

Aber 80% der Frauen antworteten: „Ich habe einen Freund“. In Wirklichkeit waren sie aber Single. Bei unserem Experiment ist mein Wing (oder ich - je nach dem wer sie zuerst angesprochen hatte) den jeweiligen Frauen gefolgt und hat sie 10 Minuten später mit einem Meinungsopener erneut angesprochen. Das Ziel war, herauszufinden, ob sie wirklich vergeben ist. Die Statistik war beeindruckend: Nicht nur, dass fast alle Single waren, wir haben sogar noch mit vielen von ihnen einen N-Close gehabt. Hübsche Frauen sind meistens Single, weil sich nur selbstbewusste AFCs trauen, sie anzusprechen.

Es wurde sogar noch besser: Eine der Frauen wurde später meine Freundin. Sie war echt hot. Wir sind einmal ausgegangen, wo sie auch meinen Wing traf. Sie sagte zu mir: „Ich kenne diesen komischen Typen. Er hat mich vor paar Tagen auf der Straße gefragt, ob ich mit ihm einen Kaffee trinke und gesagt, dass er mich sympathisch findet. So ein Loser.“
Zu der Frage, warum sie meinen Kumpel eigentlich als Loser wahrgenommen hat, konnte sie nichts sagen.

FAZIT

Direct Game ist nichts für hübsche Frauen. Die wissen, dass sie gut aussehen und bekommen dafür tagtäglich in irgendeiner Form Bestätigung. Wo es nach meiner Erfahrung allenfalls funktionieren kann, ist bei Frauen des Typs <HB6.

Warum: Stell dir vor, eine HB10 ist 25 Jahre alt. Was denkst du, wie oft sie schon direkt von AFCs angesprochen wurde. Wenn sie ab einem Alter von 17 Jahren nur 5-Mal in der Woche angesprochen wurde, dann sind das bis zum 25. Lebensjahr mehr als 2000 direkte Anmachen. Kein Wunder, dass bei ihr alle Kerle, die sie ähnlich ansprechen, ohne nachzudenken, in der Loser-Schublade landen.

Deshalb werden wir uns in diesem Buch auf **Cold Approaches** (kaltes Ansprechen) und auf **Indirektes Game** (Meinungsopener) konzentrieren. Es ist der einzige Weg, systematisch 100% Erfolg bei hübschen Frauen zu haben, und das ist doch genau das, was du willst.

Verführe Frauen,
die du willst und
nicht solche, die du brauchst.

Oft ist jemand lange Single
und will unbedingt wieder mit
einer Frau zusammen sein. Er
beginnt eine Beziehung mit
einer Frau, die er braucht aber
eigentlich nicht will.

So eine Beziehung hat keine
Zukunft und
scheitert früher oder später.

Milan

Theorie der Opener

Es gibt viele Dinge, an die du beim Opener denken musst. Im Grunde genommen ist es wie beim Autofahren. Wenn du zum ersten Mal hinter dem Lenkrad sitzt, weißt du auch nicht wie, wann und wo du all diese komischen Dinger drücken, ziehen und weiß Gott was sonst noch machen musst. Mit Pick-Up ist das am Anfang genauso. Tatsächlich gilt es vier Dinge im Kopf zu behalten, wenn man im Set erfolgreich bestehen will:

1. **Komfort**
2. **Zeit gewinnen**
3. **Nach Motivation suchen**
4. **Sprechweise und Körpersprache**

KOMFORT

Wenn du die besten MPUAs der Welt fragst, dir ihr Game mit einem Wort zu beschreiben, bei 80% von ihnen wäre die Antwort: **Komfort**. Komfort und Vertrauen.

Dein guter Kumpel kann bei dir anrufen und sagen: „Hey, kann ich heute bei dir übernachten?“ Du sagst: „Klar Kumpel, komm vorbei, wann immer du willst.“ Hättest du ihn auch eingeladen, wenn du ihn erst ein paar Minuten gekannt hättest? Natürlich nicht! Du hattest nicht genug Komfort und Vertrauen zu ihm. Genauso ist das auch mit Frauen. Keine Frau geht mit dir auf ein Date, wenn sie keinen Grund dazu hat. Ihr Grund für ein Date ist emotional: Komfort und Vertrauen.

Ob du es glaubst oder nicht, aber Komfort ist die Antwort auf 99% aller „Pick-Up“ Fragen. Sie gibt dir ihre Nummer nicht: kein Komfort. Sie geht nicht mit dir auf ein Date: kein Komfort. Sie will nicht mit zu dir nach Hause: kein Komfort und Vertrauen. Also musst du die Frau so schnell wie möglich in die Komfortzone bringen. Wenn sie sich wohl fühlt, dann wird sie sich öffnen und wird auch in eine Konversation mit dir investieren – so etwas nennt man den **Hookpoint**. Von da an bekommst du mehr Zeit für die nächsten Routinen oder für ein natürliches Gespräch.

NOTIZ: Hier gilt es besonders aufzupassen. Komfort bedeutet nicht, sich wie ein grinsend-unterwürfiger Affe zu benehmen, alles für die Frau zu machen, oder alles Erdenkliche zu tun, damit sie sich unbedingt gut fühlen muss. Sie kann sich sogar schlecht fühlen, sie kann dich sogar ein Arschloch nennen. Aber wenn du eine starke Persönlichkeit hast und sie kriegt emotional mit, dass du dir nicht jeden Scheiß gefallen lässt und mit unangenehmen Situationen im Leben umgehen kannst, wird sie auch automatisch Komfort zu dir aufbauen.

Erste 3 Sekunden im Gespräch

Du kannst eine Frau nur dann verführen, wenn sie dir ihre 3 Sekunden gibt. Es ist also keine Abfuhr, wenn eine Frau auf der Straße zum Bahnhof rennt, weil ihr letzter Zug in zehn Minuten fährt. So eine Frau kannst du nicht halten. Es hat keinen Sinn eine Frau anzusprechen, die rennt wie Carl Lewis über 100 Meter.

ZEIT GEWINNEN

Zeit gewinnen und Komfort aufbauen bedingen sich wechselseitig und gehen ineinander über. Mit Komfort gewinnst du mehr Zeit, mit mehr Zeit hast du wiederum mehr Komfort und die Frau bekommt das Gefühl, dass sie dich schon länger kennt. Je mehr Zeit du mit ihr verbringst, desto entspannter wird sie sich an deiner Seite fühlen. Viele Männer denken: Ich bringe so schnell wie möglich meinen Opener und dann warte ich auf ihre Reaktion. Die Denkweise, die dort dahinter steckt, ist aber Folgende: „Hoffentlich mag sie mich und antwortet mir. Hoffentlich kriege ich ihre Nummer!“

Im Pick-Up geht es um etwas anderes. Im Pick-Up gibt es keinen Zufall. Warum bekommen wir nicht gleich den N-Close, K-Close oder auch F-Close (glaub mir, das ist alles möglich)?
Halte dich an die Regeln des richtigen Openings und der Erfolg ist dir gewiss.

Es gibt zwei praktische Wege, die helfen in Gesprächen Zeit zu gewinnen:

1. Langsam sprechen – viele Männer denken, sie müssen schnell den Opener bringen, weil sie sonst unterbrochen werden oder ihnen die Frau wegläuft. Das machen aber nur unsichere Männer. Und, wie das Cliché allzu häufig bestätigt: Männer hören nicht zu. In diesem Fall sind die Männer absolut oberflächlich im Gegensatz zu Frauen. Sie hören sich deinen Opener höflich bis zum Ende an. Frauen sind bei vielen Sachen richtig unhöflich, aber nicht beim Opener. Wenn du mit Männern sprichst oder auf einem Meeting

bist, musst du so schnell wie möglich sagen, was dir vorschwebt, weil dich immer irgendein Idiot (Kollege) unterbrechen will oder dein Boss absolut andere Pläne hat. Du wirst von Männern ständig unterbrochen, weil Männer von Natur aus versuchen, ein Alphatier zu sein. Sie müssen immer zeigen, dass sie alles besser drauf haben. Also in Wirklichkeit totale AFCs. Bei Frauen ist das nicht so. Ich habe es öfter Studenten live gezeigt: Ich habe eine Frau absolut langsam angesprochen. Und die Frauen standen da bis zum Ende des Openers.

2. Wenn dich eine Frau während deines Openers unterbricht, hör auf zu reden und hör ihr einfach zu. Vergiss deinen Opener und hör wirklich aufmerksam zu, was sie dir erzählt. Es ist doch exakt das, was du willst. Sie investiert und erzählt – damit hast du den Hookpoint „for free“.

NACH EINER GEMEINSAMEN MOTIVATION SUCHEN

Es gibt einen sehr wichtigen Punkt, den es zu erreichen gilt. Bei richtiger Anwendung schafft man das mit 100%igem Erfolg. Viele Männer denken, sie müssen nur gute Konversation halten und ein N-Close kommt automatisch. Es stimmt auch, aber wenn dann eher bei Frauen <HB6. Manchmal zufällig auch mit HB7+. Doch das ist kein Pick-Up. Pick-Up ist systematisch jede Frau zu Closen (nicht nur die Nummer zu bekommen). Du kannst dich mit einer Frau zwei Stunden unterhalten. Wenn du ihre ganz persönliche Motivation nicht findest, wird sie keinen Grund haben, dich wiedersehen zu wollen.

In meinen AFC Zeiten bin ich ab und zu geschäftlich geflogen. Oft habe ich an die zwei Stunden mit hübschen Frauen gesprochen. Rate mal, was aus den Gesprächen anschließend geworden ist: Nichts! Nicht mal ein E-Mail-Close. Natürlich konnte ich mir damals nicht vorstellen, warum dies so war. Jetzt weiß ich es.

Wenn Mann und Frau sich unterhalten, denkt der Mann, es läuft prima. Ich mache weiter so, hoffentlich wird das was. Aber ohne deine Initiative wird das nichts. Die Frau denkt während der Konversation emotional. Sie fragt sich: Wo geht das hin? Da bin ich mal gespannt. Es hängt immer von dir ab, das Gespräch zum Close zu bringen. Ansonsten wirst du alleine nach Hause gehen.

Bei einem Bootcamp im Sommer 2007 in London war ich mit einem Studenten beim Streetgame. Dieser hat nach meinem harten Push eine HB9 angesprochen. Sie hat sich echt gefreut, aber nach ein paar Minuten lief er immer mehr Gefahr, das Set zu verlieren. Also kam ich zur Unterstützung hinzu und fing an mit ihr zu reden. Der Student hatte den „Wer lügt mehr – Opener“ gebracht, worauf sich nach kurzem Gespräch herauskristallisierte, dass sie regelmäßig in eine ganz bestimmte Jazz-Bar geht. Das war das Schlagwort, auf das ich gewartet hatte. So ging das Gespräch weiter:

Milan: „Jazz-Bar, was machst du denn da…das muss doch echt aufregend sein.“
HB9: „Ich arbeite dort als Barkeeperin.“
Milan: „Wow, was für ein cooler Job. Ich wette, du machst das nicht wegen des Geldes, sondern wegen der Musik, wegen des Jazz.“
HB9: (aufgeregt) „Ja, ganz genau, ich liebe Jazz.“

Milan: „Cool, mein Kumpel hier ist ein großer Jazz-Fan." (er war aus Chicago)
HB9: (hat sich gleich zu ihm umgedreht) „Echt, das ist ja cool."
Student: „Äh… hm… ja, ich komme aus Chicago, Jazz ist in meinem Blut."
HB9: (aufgeregt) „Wow, wir sollten unbedingt mal zusammen ausgehen."
N-Close, F-Close beim zweiten Date. Sie war echt heiß.

Du kannst auch aus einem 2-Min N-Close ein Date bekommen, wenn du die emotionale Motivation in der Frau entdeckst, ihre Leidenschaft für etwas findest. Aber es ist nicht nur das Finden ihrer Motivation. Du solltest diese Motivation auch mit ihr als Gemeinsamkeit teilen.

Motivationen bei Frauen könnten sein:

- Reisen
- Fremdsprachen
- Clubbing
- Kunst
- Tiere
- Psychologie
- Bücher
- Kino
- Sport
- Tanzen (Salsa, etc.)
- Und natürlich Kinder

Das sind die meisten Leidenschaften, denen ich begegnet bin. Ich kann eine gute Gemeinsamkeit mit Frauen in allen genannten Dingen, außer Tieren aufbauen. Ich mag Tiere nicht und würde lügen, wenn ich sagte, es wäre anders. Trotzdem war ich sogar bei der Art von Frauen erfolgreich, die Tiere mochten, weil ich ehrlich war und eine andere gemeinsame Leidenschaft fand.

Einmal habe ich eine Frau angesprochen und herausgefunden, dass sie Südamerika liebt und gerne darüber spricht. Ich hatte dazu gar nichts zu sagen. Ich war nie da und habe auch keine Motivation dort hinzugehen. Also habe ich das Gespräch auf Reisen im Allgemeinen und Abenteuer geleitet. Dabei habe ich ihr Fotos auf meiner Digital-Kamera gezeigt. Nach 20 Minuten hat sie gesagt, wir hätten so viel gemeinsam. Ich darauf: „Stimmt, weißt du was? Ich kenne eine brasilianische Ausstellung in Berlin, lass uns da mal hingehen. HB9: „Ja, das ist eine tolle Idee“.

Natürlich habe ich mir diese Ausstellung nur ausgedacht. Nachher musste ich googeln, um etwas Vernünftiges zu finden. Aber ich hatte das Date bekommen und damit mehr Zeit, um zu zeigen dass ich ein echt cooler Typ bin, mit dem man jede Menge Spaß haben kann.

SPRECHWEISE UND KÖRPERSPRACHE

Auf meinem OneOnOne (Einzeltraining) benutze ich immer meine Videokamera mit kabellosem Mikrofon, um auch die Körpersprache zu verbessern. Du kannst sie aber auch selbst, verbessern; zum Beispiel indem du vorm Spiegel deine Opener trainierst. Heutzutage haben viele Handys eine integrierte Kamera, mit der du dich selbst aufnehmen kannst. Oder sag deinen Kumpel, dass er dich auf Kamera aufnimmt, wenn du ein paar Sets öffnest.

Das Ziel hier ist nicht, sich zu ändern. Das Ziel ist: Die Kontrolle.

Die Sprechweise, bzw. die Tonalität ist enorm wichtig. Du kannst weiter so bleiben sprechen, bzw. sprechen, wie du es jetzt tust. Du musst nicht viel ändern. Aber du musst immer absolute Kontrolle über deinen Körper und deine Sprechweise haben. Schau dir James Bond oder Bruce Wayne in Batman als Vorbild an.

Die Frauen merken es sehr schnell, wenn etwas nicht echt ist. Wenn du krampfhaft versuchst, jemand zu spielen, der du bist, hast du es schnell schon ganz am Anfang versaut.

Eine gute Idee, wie du die Kontrolle über deinen Körper trainieren kannst, ist Tanzen oder Kampfkunst. Ich empfehle Tanzen, weil man da gleich auch Kino trainieren kann. Ich habe vier Jahre Karate gemacht und obwohl ich nicht mehr viel davon weiß, hat mir das im Pick-Up viel gebracht. Fast jede Art von Sport wird dir helfen, die Kontrolle über deinen Körper zu erlangen.

Was die Sprechweise angeht, da helfen Schauspielerkurse. Ich kenne recht viele PUAs, die Schauspielerkurse als Hobby besuchen. Auch wahrscheinlich deshalb, weil sich dort mehr als 80% hübsche und intelligente Frauen herumtreiben.

ANNÄHERUNG

Diese Situation passiert jedem Mann:
Du siehst eine hübsche Frau, die dir entgegen kommt. Du triffst die Entscheidung, diese Frau anzusprechen. Wenn du dich ihr annäherst, bekommst du AA-Angst. Und diese wächst mit jedem Schritt. Dann zweifelst du, ob du die Frau ansprichst oder lieber doch nicht. Du bist schon zwei Meter von ihr entfernt und obendrein absolut verunsichert.

Wenn du nur noch einen Meter von ihr entfernt bist, entscheidest du dich, sie anzusprechen.

„Hey…“
HB: „Ohh mein Gott…“
Und die Sache ist gegessen. Du hast sie erschreckt und bekommst eine Abfuhr.

Richtige Vorgehensweise:

Die Entscheidung, dass du sie ansprichst, war schon richtig. Aber du musst auch dabei bleiben und die Ruhe bewahren.

Du bemerkst dein Target, das dir entgegen kommt.
Wenn du fünf Meter von ihr entfernt bist, machst du mit deiner Hand ein leichtes Signal, dass du sie ansprechen wirst. Sie muss das mitbekommen und sich im Kopf darauf einstellen können (Abbildung 1).

Wenn du zwei Meter vor ihr bist, hältst du an und fängst an zu reden: „Hey“ (Abbildung 2).

Und wenn sie weiter auf dich zu läuft, wird sie selbst anhalten und ihren Komfortabstand bestimmen. Das ist ebenfalls gut, denn so kannst du gleich den Abstand ihres Komforts und Vertrauen messen.

Abbildung 1

Abbildung 2

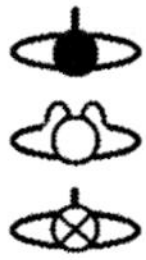

Pick-Up Artist (PUA)
HB (Target)
AFC

Eine Frau (oder Set) wartet an der Haltestelle, oder auf jemanden:

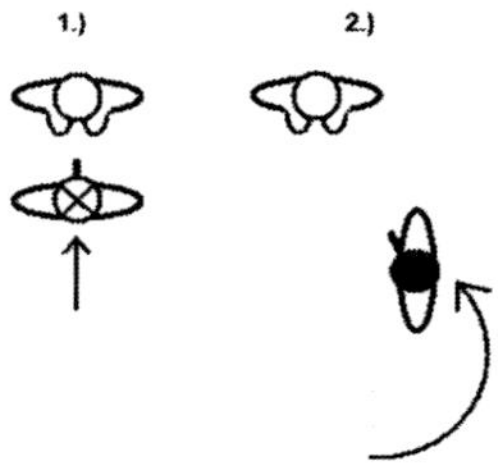

Situation 1.) Typische AFC-Annäherung:

Der Mann kommt der Frau entgegen. Was sind hier die Fehler:

- zu nah dran
- zu direkte Körpersprache
- und noch schlimmer: wenn der AFC sie erst dann anspricht, wenn er schon 50 cm vor ihr steht

Situation 2.) PUA-Annäherung:

- Annäherung im seitlichen Halbkreis
- Lass größeren Abstand (Komfort)
- Sein Körper ist ihr abgewandt, nur sein Kopf ist zu ihr zugeneigt.
- Vorher ein Signal gesendet, dass du sie ansprechen wirst.

Eine Frau läuft und du läufst hinter her:

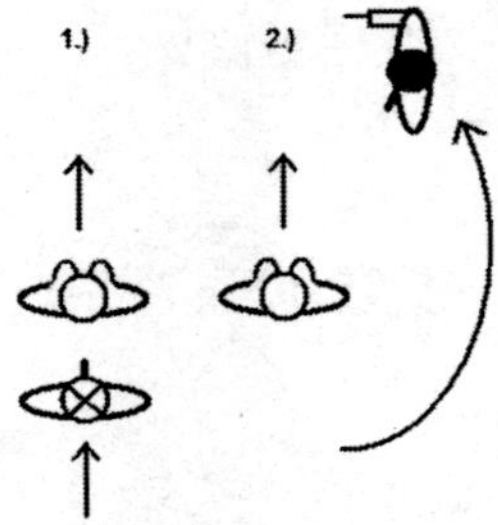

Situation 1.) AFC-Annäherung:

Der AFC-Freak folgt der Frau und spricht sie von hinter an. Ergebnis: sie erschreckt sich und es kann kein Aufbau von Komfort erfolgen.

Situation 2.) PUA-Annäherung:

In großen Kreis überholen (manchmal musst du auch schneller laufen) und dann genau wie bei der „Gegenüberannährung“:

- Hand halb hoch um zu zeigen, dass du sie ansprichst
- Nach ein oder zwei Sekunden ansprechen
- Körper zur Seite, nur der Kopf ist ihr gedreht

In einer lauten Disco

Viele AFCs kommen sehr nah an eine Frau heran (und schreien ihr ins Ohr), wenn sie sie ansprechen. Richtig ist deinen Körper seitwärts zu drehen, nur dein Kopf ist ihr direkt zugewandt. Wenn sich die Frau öffnet und mit natürlicher Konversation beginnt, dann belohnst du sie praktisch mit deiner vollen Zuwendung.

In einer Bar oder Disco

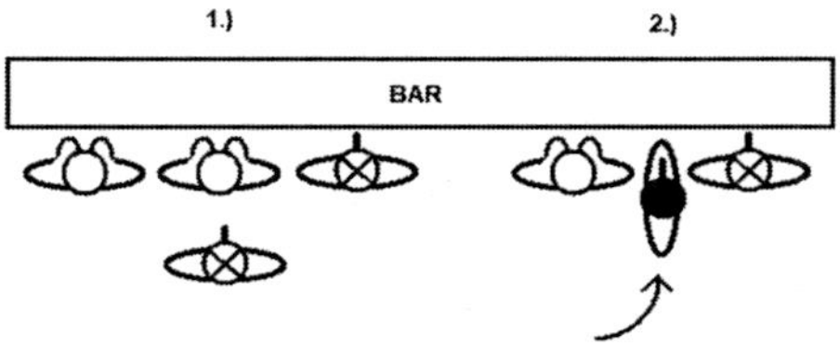

Situation 1.) AFC-Annäherung:

Der AFC spricht die Frau von hinten an. Oder noch schlimmer, er berührt sie unangenehm von hinten bzw. tippt ihr gar auf die Schulter.

Situation 2.) PUA-Annäherung:

PUA traut sich, den Platz zwischen der HB und einen AFC einzunehmen. Du musst gleich etwas bestellen, oder so tun, als ob du was bestellen willst.
Dabei ist es sehr wichtig, dass du mit dem Rücken zu der HB stehst.

Dann kannst du gleich den AFC ansprechen, als cooler Typ.
Hier bietet sich auch eine andere Variante an, von der ich irgendwo gehört habe und die viele Männer verwirrt: Du machst die Frau von hinten auf dich aufmerksam, dann weichst du einen Schritt zurück. Das klingt zwar sehr easy und smooth, ist jedoch in einem aufgeheizten Club oder in einer vollen Bar von der Durchführung unmöglich. Um einen Schritt zurück zu machen hast du überhaupt keinen Platz. Und du sprichst die Frau von hinten an, was IMMER eine schlechte Idee ist.

WAS ZUM TRINKEN BESTELLEN

Immer wenn ich in eine Bar oder Disco reinkomme, gehe ich zu den besten HBs an der Bar und bestelle einen Cocktail: Sex on the Beach, Long Island Ice Tea, Pinacolada. Einen von diesen drei. Und dazu noch 4 Strohhalme zum trinken.

Wo ist jetzt der Trick:

Ich bestelle einen Cocktail im Preis von max. 15 Euro, aber ich trinke keinen Alkohol. Ich fahre immer mit dem Auto. Kein Mann (oder wenige) bestellen einen Cocktail. Alle AFC‘s trinken meist das billigste Bier.

Damit bist du bei den Frauen schon von allen anderen Männern präselektiert, und sie sind emotional geschaltet: Du scheinst jemand zu sein, der Geld haben muss. Obwohl du den Cocktail den ganzen Abend in der Hand hast.

Ich habe im Cocktail viele Strohhalme und wenn ich im Set bin, sage ich das auch:

PUA: „Ich trinke keinen Alkohol“
HBs: „Aaaa und was ist das?“
PUA: „Na ja, ich kann doch nicht mit Wasser rumlaufen. Ich habe den Cocktail nicht mal probiert, weiß auch gar nicht wie er schmeckt.“
HBs: „Darf ich mal probieren?“

PUA: „Hm… erst mal frage ich euch um einen Ratschlag…“ Opener folgt.

Lass die Frauen um den einen Schluck vom Cocktail kämpfen.

Es ist interessant und lächerlich zugleich zu sehen, wie kindisch Frauen manchmal sein können. Aber bis jetzt hat sich JEDE Frau darauf eingelassen. Von der Rechtsanwältin bis zur Stripperin.

Aber Frauen sind einfach emotional gesteuert und da ist streng logisch betrachtet alles möglich.;)

PREISE UND DEINE EINSTELLUNG

Der Cocktail kostet zwischen 10 und 25 Euro in normalen Discoclubs in Deutschland. 99% Männer und alle AFCs werden sagen, dass es teuer ist und trinken lieber ein 2,49 Bier. Dann trinken sie 10 in der Nacht. Laden ihre Kumpels ein, etc…

Und so landen sie am Ende locker bei 40 Euro. Sie sind besoffen, stinken und gehen allein nach Hause. Du wiederum hast 15 Euro ausgegeben, den ganzen Abend Spaß, lernst neue weibliche Freunde kennen und nimmst eine HB mit nach Hause.

In Deutschland geht es die letzten Jahre hin zu „billig, billig“, das hört man überall. Und dabei vergisst man auf die Qualität und besonders den persönlichen Gewinn zu achten.

Wenn zum Beispiel mein Buch oder Workshop so und so viel kostet und du mit diesen Ratschlägen und Wissen nur eine einzige

Frau „glücklich machst", und eine schöne Zeit mit ihr erlebst, dann ist dein persönlicher Gewinn unbezahlbar.

Bei jedem Kauf sieht meine Frage-Reihenfolge so aus (Beispiel mit Cocktail gegen Bier):

Wie kann ich davon profitieren? HBs finden Cocktails besser
Stimmt die Qualität? Ein Cocktail schmeckt auch
Der Preis? Ein Cocktail: 15 Euro gegen 10 Bier: 30 Euro

FAZIT

Du musst gleichzeitig auf diese vier Punkte achten:

- Komfort
- Zeit gewinnen –> langsam sprechen - lass die Frau sprechen!
- Nach Motivationen suchen –> gemeinsame Interessen finden
- Körpersprache –> Kontrolle über deinen Körper und die Sprechweise

Viele Leute fragen mich, wann ist der Opener zu Ende und wann beginnt die natürliche Konversation?

Ein Opener endet, wenn die Frau beginnt, nachdenklich zu reden und von sich selbst aus in die Konversation zu investierten. Das kann schon innerhalb von fünf Sekunden passieren, obwohl du deinen Opener noch gar nicht bis zum Ende gebracht hast.

Praxis der Opener

Ein Opening durchläuft immer diese vier Phasen:

1.) Preopener
2.) Opener
3.) Natürliche Konversation
4.) N-Close (K-Close, F-Close)
5.) Post N-Close

Der Verlauf: Vom Opener zum N-Close

Diese Liste kann folgendermaßen aufgegliedert werden:

1.) Preopener
- Hey
- Zeitliche Abgrenzung
- Ich brauche eine weibliche Meinung / Ich brauche deine Hilfe usw.

2.) Opener
- Indirekter Opener
- Warten, bis sie sich für die Konversation öffnet
- Wenn sie kein Interesse zeigt, bring einen weiteren Opener

3.) Natürliche Konversation

- nach Motivation und persönlicher Leidenschaft suchen
- aufmerksam zuhören und die richtigen Fragen stellen
- über Dinge sprechen, die SIE interessieren, nicht dich!
- nach Gemeinsamkeiten suchen, um gemeinsam Zeit verbringen zu können

4.) N-Close

- Wie kann ich mit dir in Kontakt bleiben?
- Hast du Strom zu Hause? Hast du eine E-Mail-Adresse? Hast du ein Handy?

5.) Post N-Close

- Erzeugen einer Kommunikations-Brücke
- Richtiges SMS-Game

Preopener

Der ganze Preopener basiert darauf, die volle Aufmerksamkeit der Frau auf dich zu lenken und Zeit zu gewinnen. Manchmal sprichst du spontan eine Frau an, aber du hast noch keinen Opener. Der Preopener ist immer gleich. Mit etwas Training weißt du genau, wie lange dein Preopener dauert. Ich habe es einmal gemessen und herausgefunden, dass es durchschnittlich 8 Sekunden dauert. Während du deinen Preopener erzählst, bewegt sich dein Mund, aber dein Kopf arbeitet und sucht zur gleichen Zeit den richtigen und passenden Opener.

Ein Preopener besteht aus diesen drei Segmenten:

1. **Hey**
2. **Zeitbeschränkung**
3. **Meinungsfrage**

HEY

Nach dem „Hey…“ kommt eine Pause von mindestens 2 Sekunden. (dabei kannst du auch in Gedanken mitzählen) „Hey…22…23“

Warum ist das so wichtig? Aus zwei Gründen:

1.) Die Aufmerksamkeit bekommen: Immer, wenn du eine fremde Frau etwas fragst (egal was du sagst), wirst du ihre vorherigen Gedanken unterbrechen. Wenn du dir vorher nicht ihre Aufmerksamkeit gesichert hast, wird sie dich immer nach den ersten paar Worten unterbrechen: „Was..." oder „Wie bitte…" und du musst dann alles wiederholen.

2.) Es gibt genug Beispiele, in denen du irgendwo stehst und plötzlich vor dir deine Traumfrau auftaucht. Du weißt, du musst etwas sagen, ansonsten läuft sie einfach weiter. Also sagst du „Hey…" und dann 2 Sekunden Pause.

ZEITBESCHRÄNKUNG

Ich wende diese Technik schon seit ein paar Jahren an, obwohl ich mir damals nicht der Wichtigkeit bewusst war. Erst nachdem ich die Community der Pick-Up Artists in London entdeckt hatte, wurde mir alles klar.

Ich habe schon zu meinen AFC-Zeiten mit einem Freund in Berlin alle möglichen Bars und Clubs besucht. Am Ende jeder Party, wenn er schon nach Hause wollte, sagte ich immer: „Warte draußen, ich komme gleich, ich spreche noch eben ein paar Mädels an."

Also habe ich noch paar Sets geöffnet: „Hey Mädels, ich muss gleich los, mein Kumpel wartet draußen auf mich..."

Am Ende hatte ich immer mehr als drei N-Closes von den hübschesten Frauen geschafft.

Klar, die Hemmschwelle hübsche Frauen anzusprechen war niedriger, weil ich ja wirklich nach Hause wollte, also war es mir egal, ob ich eine Abfuhr bekomme. Aber lustigerweise kann ich mich, obwohl ich ein AFC war, nicht daran erinnern, in diesem Fall je eine Abfuhr bekommen zu haben.
Es ist also ganz wichtig, stets einen Satz wie den Folgenden mit einfließen zu lassen:

„Ich habe nur ein paar Minuten, ich muss gleich los, meine Freunde warten auf mich."

Damit baust du direkt Komfort bei den Frauen auf. Frauen sind anfangs immer erschrocken, von irgendwelchen Idioten (AFCs) angesprochen zu werden und haben Angst, dass die Männer eine Ewigkeit bleiben. Du aber sagst gleich am Anfang, dass du nur kurz bleibst.

Stell dir vor, du bist der coolste Typ im Club. Du siehst eine HB10 in ihrem kurzen Minirock in der anderen Ecke des Raumes. Sie schaut dich sexy an und spielt mit ihren langen blonden Haaren. Du bist kurz davor loszulaufen, um sie anzusprechen als dir ein UG mit breitem Lächeln entgegen kommt. Sie spricht dich sogar an. Unangenehm oder?

Aber wäre es nicht weit weniger unangenehm und störend, wenn dir diese UG sagt:
„Hey… darf ich dich etwas fragen, ich muss gleich los, meine Freunde warten auf mich."

Du wirst ihr absolut entspannt für ein paar Minuten deine Aufmerksamkeit schenken.

Klar, du wirst immer noch die HB10 geil finden, weil Männer nun mal vom Aussehen angezogen sind, aber bei Frauen ist das zum Glück nicht so. Frauen sind zum Glück von Persönlichkeit angezogen, und wenn dir die HB10 eine gewisse Zeit gibt, kannst du ihr deine Persönlichkeit demonstrieren.

MEINUNGSFRAGE

„Ich brauche eine weibliche Meinung." „Ich brauche deine Hilfe."
Es bedarf keiner weiteren Erklärung. Frauen helfen Männern sehr gerne.
Dabei muss man auf seine Körpersprache achten und einen kleinen Trick anwenden.

Beim Opener sollte man nicht zu stark lächeln, ansonsten kommt man rüber wie ein Kasper. Und Kasperle-Theater ist nicht sexy. Trotzdem gibst du ihr mit einem sehr kleinen Lächeln die Info: „Es kommt etwas Lustiges, etwas Interessantes… pass auf."

FAZIT

So sollte ein perfekter Preopener aussehen:
„Hey" 2 Sekunden Pause
„Ich habe nur ein paar Minuten, ich muss gleich los, meine Freunde warten auf mich."
„Aber ich brauche unbedingt deine weibliche Meinung"

Alles was ich dir bis jetzt beschrieben habe, läuft in den ersten 4 bis 10 Sekunden ab. Doch in dieser kurzen Zeit steht und fällt dein Erfolg beim Öffnen eines Sets. Ein Preopener erzeugt den guten ersten Eindruck. Auch er ist maßgeblich daran beteiligt, ob du eine Abfuhr bekommst oder mit der hübschesten Frau der Disco nach Hause gehst.

Bin ich ein genialer Autor?
Nein!
Aber ich weiß, dass ich dir beibringen kann, wie man eine superhübsche Frau ansprechen kann, weil ich sehr viel Geld, Zeit und Energie investiert und Tausende Frauen angesprochen habe und weil ich es schon vielen Männern beigebracht habe. Das, was ich hier schreibe, habe ich erlebt.

Milan

10 Bekanntesten Opener

1. WER LÜGT MEHR?

Der wohl bekannteste Opener seitdem es die Pick-Up Community gibt. Viele Leute benutzen ihn nicht mehr, weil sie denken die Frauen kennen ihn schon oder weil er zu langweilig scheint. Lustigerweise können 95% aller Männer, die diesen Opener kennen, ihn nicht richtig rüber bringen oder sie wissen nicht, worüber sie anschließend sprechen sollen.

Dieser Opener ist der Vater alle Opener. Wer diesen Opener nicht beherrscht, braucht andere erst gar nicht auszuprobieren. Es wird nicht klappen. Letztendlich ist nicht der Opener wichtig, sondern der schnelle Übergang zum natürlichen Gespräch. Dazu ist dieser Opener perfekt:

PUA: (Preopener) „Hey Leute.“ (Pause).
PUA: „Wer lügt mehr? Frauen (Pause - Spannung) oder Männer?
HB: „Frauen…“
PUA: (Pause) „Hm… das ist aber interessant. Ich habe gelesen, dass die Männer öfter lügen, aber (Pause – tiefe Stimme) die Frauen besser.“
HB lacht:„Na ja…“
PUA: „Denkst du, dass du eine gute Lügnerin bist? Wann hast du das letzte Mal gelogen und denkst, dass die andere Person das nicht mitbekommen hat?“

HB lacht: „Bla, bla”. (sie gibt dir erste Informationen über ihre Motivation)
PUA: „Also du scheinst mir unterbewusst eine gute Lügnerin zu sein.“
HB: „Na ja…“

(Falls sie immer noch nicht gehookt hat und die natürliche Konversation noch nicht begonnen hat, kannst du die Lügen-Routine weiter ausdehnen.)

PUA: „Weißt du was? Es gibt einen Test, mit dem man feststellen kann, wie gut andere Leute lügen können.“
HB: „Ach echt? Das will ich sehen.“
PUA: „Ich werde dir drei Fragen stellen und du musst bei allen Antworten lügen. Wenn du einmal die Wahrheit sagst, hast du verloren.“

Bitte sage nicht, dass sie mit dir einen Kaffee trinken gehen muss, wenn sie verliert. Damit zeigst du niedrigen sozialen Wert. Nach dem Motto: Ich muss um dich kämpfen.

Du stellst ihr zwei normale Fragen und das dritte Mal fragst du, als ob du es nicht wüsstest: „Die wievielte Frage war das jetzt?“ 99% der Frauen sagen die Wahrheit: „Das war die zweite, jetzt kommt die dritte.“

PUA: „Du hast die Wahrheit gesagt, du kannst nicht lügen.“

Es ist gut, wenn du im Gespräch schon einiges über sie in Erfahrung gebracht hast. z.B.: Sie mag Kunst.

PUA: „Weißt du was? Ich halte dich für ziemlich ehrlich. Ich mag zum Beispiel Kunst, aber habe nicht genug Zeit für dieses Hobby."
HB:„Echt, ich auch…"

In 95% aller Fälle haben die Frauen vergessen, dass sie dir diese Informationen gegeben haben. Der Grund dafür ist, dass sie das Gespräch emotional wahrnehmen.
Das Gespräch geht dann absolut natürlich weiter und endet mit der N-Close Routine, die im nächsten Kapitel beschrieben ist.

2. EIFERSÜCHTIGE FREUNDIN

PUA: „Ein Freund von mir ist seit ungefähr drei Monaten mit seiner Freundin zusammen, aber er ist immer noch mit seiner Ex befreundet, zu der er noch etwa einmal die Woche Kontakt hat. Was haltet ihr davon, ist das OK?"
HBs: „Bla-Bla-Bla."

PUA: „Gut, das eigentliche Problem ist aber, dass er eine Kiste mit Fotos und Briefen hat. Unter anderem auch mit seiner Ex. Vor kurzem hat seine Freundin die Kiste gefunden und ist total ausgeflippt. Sie will jetzt, dass er seine Ex nicht mehr sieht und zusätzlich die Fotos und die Briefe wegwirft oder zerstört. Was haltet ihr davon?"

Ein sehr guter Opener, der immer gut ankommt. Verlangt aber eine ziemlich gute Sprechweise und Performance, da er ziemlich lang ist. So lange du noch nicht ein durchschnittlich guter PUA bist, werden die Frauen merken, dass alles einstudiert ist. Damit hättest du verspielt.

3. ZOFFENDE MÄDELS

„Oh mein Gott, habt ihr gerade die zwei Frauen draußen gesehen, wie die sich gezofft haben? Die eine hat der anderen an den Haaren gezogen und die andere hat mit ihren Fingernägeln fest zugestochen. Sie haben wohl um einen komischen kleinen Typen gekämpft. Der stand jedenfalls daneben und hat die ganze Zeit gelacht.“

Dieser Opener eignet sich gut in einem Club oder einer Bar. Er ist sehr einfach und man bekommt immer positive Reaktionen. Gut ist, dass man im Gespräch immer wieder auf diesen Opener zurückgreifen kann, wenn Langeweile aufkommt. So könnte es gehen:

PUA: „Ich kann das nicht verstehen, was finden diese zwei Frauen an diesem kleinen Mann? Würdest du auch so was machen?“
HB: „Nee, niemals“
PUA: „Aber vielleicht hat er einen guten Charakter oder viel Geld? Was ist eigentlich für dich wichtig bei Männern? Geld oder Charakter?“
HB: „Charakter.“
PUA: „Aber das ist ein sehr, sehr weit gefächerter Begriff. Jede Frau stellt sich darunter etwas anderes vor.“

Dabei bist du gleich im natürlichen Gespräch.

4. DAVID BOWIE

„Findet ihr David Bowie sexy? Ich versteh es nicht. Die Schwester von meinem Kumpel ist sieben Jahre alt und hat ein riesiges David Bowie Poster in ihrem Zimmer. Nicht ein normales Poster sondern ein wirklich riesiges. Wenn sie aufwacht, ist das erste, was sie sieht David Bowie in Übergröße.

David Bowie ist doch uralt, so um die 70 und sie ist erst sieben. Aber Frauen denken da wohl anders. Ihr könnt mir doch sicher helfen und sagen, was an David Bowie so sexy sein soll?"

HB: „Na ja, kommt drauf an. Manche mögen ihn, manche auch nicht."
PUA: „Ich stimme absolut zu. Kannst du dich erinnern, dass du etwas gut gefunden hast, aber du dachtest, dass andere Leute es nicht so toll finden würden?"

Wenn sie sich öffnet und erzählt, bist du schon in der persönlichen Konversation (und suchst nach der ersten gemeinsamen Motivation). Wenn nicht, dann musst du weiter reden.

PUA: „Als ich klein war, hörte ich gerne New Kids On The Block und dann Take That. Das sind ja eher Frauen-Gruppen, aber ich fand die Musik toll.
HB lacht.
PUA: „Nicht dass du jetzt denkst, ich sei schwul."

Wenn sie sich nun immer noch nicht der Konversation öffnet, kannst du gleich den nächsten Opener bringen.

5. SEHE ICH SCHWUL AUS?

Perfekt für die Bar, oder verrückte Partys:

PUA:„Sag mal, sehe ich irgendwie schwul aus? Da drüben kamen zwei nette hübsche Frauen zu mir und haben im Gespräch zu mir gesagt: „Oh, du bist so süß, so nett…“ Natürlich hab ich mich total darüber gefreut, bis sie schließlich gesagt hat: „Du musst bestimmt schwul sein.“

Damit zeigst du, dass dich andere Mädels wollen und weckst bei deiner HB Eifersucht. Und Eifersucht ist ein hochgradig machtvoller emotionaler Magnet.

HBs: „Ja.“, „Nein.“, „Könnte sein.“
PUA: „Aber das war noch nicht alles. Rate mal, was vor kurzem passiert ist! Ein Mädchen hat mir an den Arsch gefasst. Es war mir ein bisschen peinlich, aber heutzutage ist alles möglich. Auch wenn sowas normalerweise eher Frauen passiert.

Ich weiß nicht, vielleicht sehe ich ja doch ein bisschen schwul aus. Könnte eventuell an meiner Kette liegen (oder du zeigst auf etwas anderes Interessantes, das du trägst). Habt ihr schwule Freunde? Habt ihr mehr weibliche oder männliche Freunde?“ -> natürliche Konversation

Diesen Opener kann man auch perfekt in laufenden Gesprächen nutzen.

Du sprichst an der Bar im Stehen mit einem Mädchen und du siehst, es wird gleich eine andere hübsche Frau an dir vorbeilaufen. Wenn sie hinter dir ist, erschreckst du dich leicht, hörst auf mit deiner HB zu reden und schaust die andere Frau an. Deine HB merkt das und wird gleich fragen:

„Was ist los, alles OK?“ Dann wartest du bis die andere Frau weg ist und sagst: „Hast du das gesehen?“
HB gespannt: „Was?“

PUA: „Sie hat mir an den Arsch gefasst. Schrecklich, was die Frauen heutzutage machen. Das ist nicht das erste Mal, dass mir sowas passiert.“

Oder du kannst noch weitermachen, wenn du ein sehr großes Set hast (4Set+)
PUA: „Ich war gestern in Soho (oder einem anderen Schwulen-Viertel in deiner Gegend, oder du sagst, dass du in London-Soho warst) und da hat mich ein Typ gefragt, ob ich schwul bin. Ich habe ihm gesagt: „Klar bin ich schwul, aber nur donnerstags. Aber weißt du was, mein Freund ist es die ganze Woche.“

Auf einer Party lachen sich die HBs tot. Wenn sie aufhören zu lachen, machst du weiter:

PUA: „Man sagt, dass eine durchschnittliche Frau alle 30 Sekunden an Sex denkt und jeder normale Mann alle drei Sekunden."
HBs: „Nein, bei Frauen ist es weniger: 20 Sekunden, 15 Sekunden.“

PUA: „Echt? Ich konnte mich nicht zuordnen aber jetzt weiß ich es: Ich bin eine durchschnittliche Frau."
PUA weiter: „Weniger als 20 Sekunden? Ihr seid aber versaut...schlimm." Dann drehst du dich weg: körperlicher Push-Pull. Damit bist du definitiv im Set.

6. DER FREMDGÄNGER

Gut für Zweier oder Dreier Set:

„Meine Ex-Freundin hat öfters andere Frauen geküsst. Mich persönlich hat das nicht gestört. Zumal das in meinen Augen nicht mit Fremdgehen gleich zu setzen ist, wenn sich mal zwei Frauen küssen. Aber ein Kumpel hat mir immer und immer wieder erzählt, dass sie fremd geht. Aber er ist ein Mann. Deshalb brauch ich eure weibliche Meinung."

HB: „Nein.", „Ja."

PUA: „Die Sache, warum ich es nicht als Fremdgehen empfinde ist, dass die Frauen es ziemlich oft machen. Sie müssen nicht lesbisch sein und wollen nur viel knutschen, kuscheln und diese Zärtlichkeiten. Für mich ist auch das Küssen das Allerwichtigste. Ich glaube du bist auch so eine Frau, die sehr zärtlich und romantisch ist. Lass mich raten, was dein Job ist: Du arbeitest gerne mit Menschen."

Du zeigst hiermit, dass du zärtlich bist und leitest in eine natürliche Konversation über.

7. ELVIS PRESLEY

Ein 100% Party Opener oder du bringst ihn einfach in die normale Konversation ein, wenn du nichts zu sagen hast.

PUA: „Wusstet ihr, dass Elvis sein Haar schwarz gefärbt hat? Was war seine natürliche Haarfarbe? Blond. Wusstet ihr, dass seine Frau Priscilla Presley ihr Haar auch schwarz gefärbt hat?

Ich habe keine Ahnung, was ihre natürliche Haarfarbe war, aber könnt ihr euch vorstellen, wie diese beiden alle paar Wochen ihre Haare zusammen in einem schmutzigen Waschbecken schwarz färben? Ich wette die Elvis Fans haben so was nie bedacht. Du hast doch sicherlich auch ein Vorbild oder hattest es, als du klein warst. Stell dir vor, du würdest was Schreckliches oder Negatives über ihn herausfinden."

Dieser Opener lässt sich perfekt als zweiter Opener ins Gespräch einfädeln, wenn einmal in der Unterhaltung eine ungewollte Pause entsteht. Über sowas kann man sich stundenlang unterhalten.

8. ZELT DATE

Der nächste Party Opener: „Würdest du mit einem Kerl ausgehen, der in einem Zelt wohnt?"
HB: „Kommt drauf an."
PUA: „Na ja, heutzutage sagen viele Frauen, dass ihnen der Charakter wichtiger als Geld ist. Aber wie kann man das herausfinden? Was ist dir z.B. wichtiger oder wie würdest du deinen idealen Partner beschreiben?"

Wieder ein guter Gesprächsopener. Dabei bekommt man viele wichtige Informationen über die Frau.

9. TATOO OPENER

„Würdet ihr euch tätowieren lassen? Meine 19-jährige Cousine will sich den Namen ihres Freundes auf die Schulter tätowieren lassen.

HBs: „Nein, lass sie das nicht machen!"
PUA: „Ich bin auch der Meinung sie sollte es nicht machen. Das Problem ist, wenn ich ihr sage, sie soll's nicht machen, wird sie es erst recht wollen. Wie soll ich ihr bloß klarmachen, dass es ein Fehler ist?"

HBs: „Ist halt schwer…"
PUA: „Wolltest du auch mal so was machen als du noch jünger warst? Tatoo, Piercing. Hast du es gemacht?"

Natürliche Konversation. Wenn sie sich nicht öffnet, dann weiter über die Liebe.

PUA: „Ich glaube es ist nicht einfach, weil meine Cousine richtig verliebt und noch so jung und unerfahren ist. Da kann man nicht viel machen, oder? Wie war das bei dir, als du so jung und unerfahren warst. Keine Angst, ich will dir nicht zu nahe treten. Schließlich waren wir doch alle einmal jung und unerfahren…"

Das ist absolut perfekt, weil sie sehr früh anfängt, über ihre Gefühle und Emotionen zu reden.

10. PARFÜM OPENER

Bevor du den Opener verwendest, gehst du in eine Parfümerie und fragst eine Verkäuferin, welches die zwei beliebtesten Männerparfüms sind. Dann sprühst du je einen Duft auf eines deiner Handgelenke.

Hierfür sind die Tester, die in der Parfümerie herumstehen, ideal geeignet. Du kannst dir genauso gut auch die zwei Düfte kaufen und sie vor jedem Ausgehen wieder auf deine Handgelenke sprühen.

„Hey Mädels. Ich benutze seit mehreren Jahren … (bekannte Parfümmarke), aber eine gute Freundin von mir - sie kennt sich mit Mode aus und hat auch gemodelt - hat mir gesagt, ich sollte eines dieser beiden Parfüme benutzen.“ Lass die Frauen beide riechen.

„Es ist mir wichtig, ein gutes Parfüm zu haben. Sie meinte auch, dass nur wirklich hochklassige Frauen dies zu schätzen wissen. Was denkt ihr darüber?“

HBs: „Ja, das kann sein, für mich ist es auch wichtig, ein gutes Parfüm zu haben.“
PUA: „Lass mich raten was du hast?“
HB mögen Spielchen: „Na rate mal.“
PUA: „Dior.“
HB: „Nein.“
PUA: „La Coste.“
HB: „Nein.“
PUA: „Ich weiß es nicht, sag mal.“
HB : „Na weiter, das war schon nicht schlecht.“

Du merkst, dass sie Spielchen mag, also wendest du dieses Wissen an, in dem du später mit ihr Handlesen machst.

PUA: „Hey, ich habe gehört, vom Duft kann man auf den Charakter der Frau schließen. Genauso wie beim Handlesen. Ich kann deine Handlinien lesen und du sagst mir, ob ich recht habe oder nicht.“

Die HB wird sich dir öffnen. Du musst kein Profi-Handleser sein. Es reicht die Hauptlinien zu kennen.

Jede Minute, die du mit einer
fremden Frau verbringst, ist
mehr wert, als 60 Minuten
lang die beste Pick-Up Theorie
zu lernen.

Milan

Straße/Park/Café Opener

COLD READING OPENER

Cold Reading ist die stärkste Waffe eines jeden Pick-Up Artists. Ohne vorherige Kenntnisse kannst du ein paar Aussagen über jede Frau treffen, ihr diese mitteilen und es wird stimmen. Es geht aber letztlich gar nicht darum, ob es stimmt oder nicht. Es geht um den Glauben.

Wenn die Frau von dir angezogen ist, dann glaubt sie dir alles, was du ihr erzählst. Wenn nicht, dann fühlt sie sich noch nicht richtig angezogen. Sogar, wenn deine Beschreibung zufällig wirklich passt.

So etwas nennt man Cold Reading (Kaltes Lesen / Kalte Deutung). Beim Pick-Up funktioniert das absolut perfekt. Frauen lieben es, Neues über sich selbst zu erfahren. Deshalb lesen sie auch diese ganzen Hochglanzmagazine, in denen sie ohne Ende diese Persönlichkeits-Tests zum Ankreuzen ausfüllen.

Über das Cold Reading werde ich mehr in meinem zweiten Buch „Master dein Komfort“ schreiben, weil es eine zweischneidige Waffe ist. Deshalb musst du ganz genau wissen, wann du das Cold Reading verwenden kannst.

Die beste Cold Reading Methode ist das Handlesen. Auch Frauen wissen, dass es eine Verarschung ist. Trotzdem werden sie sich darauf einlassen. Aber nur dann, wenn sie sich von dir angezogen fühlen. Wenn du es gleich am Anfang innerhalb der ersten paar Minuten machst, kommt es merkwürdig herüber, so als ob es eine Masche wäre.

Ausnahme:

Man kann es in gewisser Art und Weise auch als Opener benutzen. „Ich habe dich kurz beobachtet. So wie du dich bewegst und wie du läufst. Es ist mir eine Sache aufgefallen. Ich habe neulich ein Buch über Körpersprache gelesen.

Und da wurden ein paar Sachen geschrieben, wie man aus der Körpersprache anderer Menschen lesen kann. Es ist zwar nur ein Buch, aber lass uns mal testen, ob es wirklich funktioniert. Ich sage jetzt etwas über dich. Und du sagst mir, ob das stimmt oder nicht."

HB gespannt: „OK, na erzähl mal."
PUA: „Wenn ich dich so anschaue, würde ich mal sagen: Du bist ein sehr freundlicher Mensch."

HB: „Ja..." Es ist sehr wichtig das zu sagen, damit sie sich schnell öffnet, so wirst du ihre mögliche Zickigkeit im Zaum halten. Wenn sie Ja sagt, muss sie freundlich sein. Wenn sie nein sagt, kannst du weggehen. Mit negativen Menschen will keiner was zu tun haben.
PUA: „Und ich würde sagen, dass du nur zwei oder drei Freunde hast, gute Freunde, aber dafür echt viele Bekannte, die du kennst und ab und zu triffst."

HB: Lass sie nachdenken. Pause. „Ja, Nein, Na ja, das hat doch jeder etc."
Wenn das nicht stimmt, dann antwortest du:

PUA: „Na ja, es war ja nur ein Buch."
PUA: „Und ich kann noch sagen, dass Leute manchmal über dich denken, dass du arrogant und eingebildet bist. Aber ich weiß ganz genau, dass du in Wirklichkeit nur ein wenig schüchtern bist. Mir geht es genauso.

Über mich sagen das manchmal auch ein paar Leute. Aber in Wahrheit ist es genauso wie bei dir. Ich bin sehr freundlich und bereit für jedes Abenteuer. Was hast du in der letzten Zeit spannendes gemacht?"

Natürliches Gespräch.

Ich und andere PUAs haben diesen Opener über 500 mal getestet und niemals eine Abfuhr bekommen. Die Frauen haben sich immer gefreut, weil es ein Spielchen ist.

Ich war damit sehr erfolgreich - gerade bei sehr hübschen und offenen Frauen.

DER „WIE KOMME ICH VON A NACH B“ OPENER

Das ist ein typischer AFC-Opener. Er ist nicht schlecht, aber man muss ihn ein wenig umformulieren und in einen anderen Opener einbinden. Ist aber nur für größere Städte geeignet.

„Ich will nicht als doof rüberkommen, ich wohne hier schon eine Weile, aber ich habe mich verlaufen, könntest du mir sagen, wo ich gerade bin? Wie heißt dieses Viertel?“
HB: „Das ist doch Clapham.“
PUA: „Oh, das hätte ich nicht gedacht. Ich habe gehört, hier ist es sehr gefährlich. Kann man hier was zum Wohnen finden?“... weiter natürlich.

Aber normalerweise versucht man einen „Von A nach B“ Opener zu vermeiden, weil du sofort in der Touristen Schublade landest und nicht wie ein lustiger Kerl, mit dem sie eventuell ausgehen könnte.

REICHER MANN-OPENER

Dieser Opener ist sehr gut für reiche Männer. Seit ich in der Pick-Up Community bekannt geworden bin, kommen auch Männer aus der ganzen Welt zu mir, die wirklich reich sind. Sie haben alles. Sie können sich alles kaufen.

Aber Liebe kann man nicht kaufen. Diese Männer wollen Frauen nicht kaufen, sie wollen von hübschen Frauen geliebt werden. Das ist nicht einfach. Also musste ich ein Game speziell für diese Männer austüfteln.

Ich habe es mir bei einem Einzeltraining mit einem Amerikaner in London ausgedacht. Er hat das typische Problem reicher Männer. Er hatte Frauen, wusste aber nicht, ob sie ihn wirklich liebten oder nur wegen des Geldes wollten.

Er selbst hat es sich noch schwerer gemacht, indem er den Frauen immer gleich am Anfang gesagt hat, dass er viel Geld hat. Bei manchen Frauen hat das funktioniert, aber die Frauen, die er wollte – intelligente und hübsche Frauen – haben leider nicht gehookt und er hat genau bei denen eine Abfuhr nach der anderen bekommen.

Er hat mich gefragt, wie soll ich es den Frauen sagen, dass ich reich bin ohne als Angeber rüber zu kommen. Also habe ich ihm gesagt: Sag doch die Wahrheit, wenn du eine tolle Frau siehst:

„Hey, ich bleibe nur kurz. Muss gleich weiter, aber darf ich dich was fragen, ich brauche unbedingt deine Hilfe.“

„Hör zu. Mit dem was ich jetzt sage, habe ich 100% bei dir verspielt, aber vielleicht kannst du mir trozdem weiterhelfen. Ich bin sehr reich, ich habe eine Villa in Los Angeles, ich habe sieben Autos, von Ferrari bis Porsche, Harleys, ein eigenes Flugzeug, mehrere Firmen etc…

Ich weiß, ich klinge wie ein Angeber. Aber es geht mir ernsthaft darum, einen ehrlichen Ratschlag zu bekommen. Ich frage mich, wie soll ich das einer interessanten Frau wie dir sagen und dabei wie der nette Kerl rüberkommen, der ich bin?

Ich bin ein ganz normaler Kerl. Ich habe meine Hobbys (zähl ihr deine Hobbys auf) und ich bin sehr freundlich. Millionäre haben ja meist ein sehr schlechtes Image, weil sie oft ihr Geld geerbt haben und denken, sie können sich alles kaufen.

Aber ich bin nicht so. Ich habe hart dafür gearbeitet und ich hab einfach keine Lust mehr darauf, mich irgendwie zu verstellen.

Deswegen: Wie kann ich eine Frau wie dich ansprechen, so dass ich gut rüberkomme. Genau so, wie ich bin. Aber sag mir bitte nicht, ich soll ich selbst sein. Das sagen alle, das funktioniert nicht."

Seitdem hatte er einen bombastischen Erfolg. Er hat in diesen Sätzen seine besten Eigenschaften aufgezählt und trotzdem ist er als bescheidener und „bodenständiger" Kerl rübergekommen.

Aber wie gesagt: Voraussetzung für diesen Opener ist, du musst viel Geld haben. Die Frauen sind nicht dumm. Sie kriegen es schnell raus, ob du Geld hast oder nicht.

NOTIZ: Viele Männer können nicht damit umgehen, wenn eine Frau sagt, dass sie nur Geld will. Frauen sind emotional gesteuert und Geld ist eine rein logische Sache. Frauen wollen Sicherheit und wenn du rüber bringst, dass du im Leben mit jeder Situation umgehen kannst, wird sie sich bei dir sicherer fühlen, als bei irgendeinem dahergelaufenen Millionär, der das Geld vielleicht auch nur geerbt hat und damit gar nicht umgehen kann. Du darfst nur nicht geizig sein. Das nervt Frauen mehr als Männer.

OHRRING OPENER

Du hast einen Ohrring in der Hand und bittest eine Frau, dir zu helfen, den Ohrring ins Ohr zu stecken. Du machst das natürlich mit einem Lächeln nach dem Motto: heute klappt aber auch gar nichts, sogar mein Ohrring passt nicht in mein Ohr.

PUA: „Hey Mädels, kann mir jemand mit meinem Ohrring helfen? Das ist ein Geschenk von meiner Schwester. Vermutlich ein David Beckham Ohrring."

Der Opener ist gut, weil er auch dann gut funktioniert, wenn sie kein Wort gesprochen hat. Denn sie verbringt so trotzdem eine gewisse Zeit mit dir und gewöhnt sich daran, dir nahe zu kommen bzw. dich zu berühren, während sie dir den Ohrring einsteckt.

Vor allem funktioniert er dann perfekt, wenn du gerade auf eine Party kommst, die noch nicht richtig angefangen hat.

Nachdem dir die Frau geholfen hat und der Ohrring drin ist, fragst du: „Sag mal ehrlich, passt dieser Ohrring eigentlich zu mir?". Weiter natürlich.

Zum Beispiel in dem du erwähnst, wie lange sich Frauen immer auf Partys vorbereiten und was immer alles hinterher auf dem Boden verstreut liegen bleibt.

DREI PICK-UP LINES (ANMACHSPRÜCHE) OPENER

Auf diesen Opener bin ich ganz zufällig bei einem Workshop in London gekommen.

Als mir ein Kunde beim Daygame gesagt hat, dass die Anmachsprüche nicht funktionieren und man doch etwas Besonderes zu der Frau sagen muss, habe ich versucht ihm zu erklären, dass ein Opener nur ein „Eisbrecher“ ist.

Im Grunde genommen ist es total egal, womit du eine Konversation beginnst. Du musst nur etwas sagen. Wenn du nichts zu sagen hast, dann hilft dir ein Opener. Aber er schien es nicht zu verstehen.

Also habe ich ihn nach den 3 dümmsten Anmachsprüchen gefragt, die er je im Internet gelesen hat. Damit ging ich dann zu einer HB9:

PUA: „Ich brauche deine Hilfe. Ich habe im Internet ein paar Anmachsprüche gelesen und ich würde dir gerne die drei besten erzählen. Du sagst mir welcher der Beste ist.“
HB: „Na da bin ich gespannt.“

Wenn du den Opener auf einer Party oder in einer Bar bringst und das Set steht.

PUA: „Du setzt dich besser irgendwo hin, die Sprüche sind so Hammer, dass du weiche Knie bekommst.“

„Also Nr.1: Gott muss einen Engel vermissen, denn du bist hier.“

„Nr.2: Ich würde gerne deine Tochter heiraten."
HB: „Ich habe keine Tochter."
PUA: „Das ist schade. Das sagt man doch so, wenn man eine Frau heiraten will. Dann muss man erst mal die Mutter anschauen. Du wärst eine wunderschöne Mutter."

Und Nr.3: „Kannst du mir den Weg zeigen?"
HB: „Wohin?"
PUA: „Zu deinem Herzen! Welchen fandst du am besten?"

HBs werden lachen: „Keinen, alle sind schlecht. Hör damit auf. Sei einfach wie du bist."

PUA: „Aber sag mal ehrlich, wenn du einen Mann gut finden würdest, oder stell dir vor, ich bin dein Freund und wir sind schon ein halbes Jahr zusammen. Du bist voll in mich verliebt. Stell dir das vor. Welcher von denen hätte dich am meisten angesprochen?"

Das ist absolut perfekt, weil sie sich so vorstellen wird, wie es mit euch beiden wäre. Dann beginnt die natürliche Konversation.

KENNEN WIR UNS NICHT?

Dieser Opener ist für einen großen Club gut, wo du die Frau mehrmals siehst.
Du siehst sie das erste Mal: „Hey, kennen wir uns nicht?"

HB: „Bestimmt nicht."
In ein paar Minuten siehst du sie wieder.
PUA: „Hey, kennen wir uns nicht?"

HB: „Nein."
PUA: „Doch, wir haben uns vor ein paar Minuten gesehen."
HB lacht.

PUA: „Aber jetzt mal ehrlich, ich kann mir interessante Gesichter merken. Ich bin mir sicher, dich schon einmal irgendwo gesehen zu haben. Arbeitest du nicht in einem Café oder Restaurant?"

Fast jedes Mädchen hat schon mal in einem Café gearbeitet. Wenn nicht, ist das auch egal. Sie öffnet sich und sagt dir die Wahrheit und schon bist du in natürlicher Konversation. Wenn sie sich trotzdem nicht öffnet, sagst du:

PUA: „Ich hab mal irgendwo gelesen, dass die intelligentsten Frauen immer sagen können, wenn sie jemanden zum zweiten Mal sehen. Ist dir das noch nie passiert, dass du einen Mann gesehen hast und du hast ihn erst nicht erkannt, aber nach einer gewissen Zeit konntest du dich dann doch an ihn erinnern?"

Damit sagst du, dass sie dich eigentlich erkennen muss, ansonsten ist sie dumm, außerdem hast du zweimal Cold Reading gemacht. Sie hookt definitiv!

„2 FREUNDINNEN"

PUA: „Mich interessiert, wie lange ihr euch schon kennt?"
Frauen schauen sich gegenseitig an: „Hm…"

PUA: „Warte mal! Lass mich raten. Hm. Wir machen einen Test, mit dem man das herausfinden kann."

PUA fragt eine HB: „Was für ein Shampoo benutzt deine Freundin?“
HBno.1: „Hm…“ Es ist egal, was sie antwortet. Du musst sie aber reden lassen. So gewinnst du Zeit.

Danach fragt der PUA HB no.2: „Weißt du, welchen Maskara sie benutzt?“
Wieder ist die Antwort unwichtig. Es geht darum, Zeit zu gewinnen.

PUA: „OK. Die Antwort ist eigentlich unwichtig. Ihr habt den Test bestanden. Wisst ihr, wenn ihr euch nicht gut genug kennen würdet, würdet ihr bei der Antwort mir in die Augen schauen. Wenn zwischen euch eine tiefe Verbindung besteht, dann schaut ihr euch erst gegenseitig an. So, wie ihr das gerade gemacht habt.“
Set schaut sich gegenseitig an.
PUA enthusiastisch: „Genau wie jetzt. Ja genau. Na seht ihr, ihr braucht gar nicht miteinander zu reden, ihr kommuniziert über Telepathie.“

Ab hier kann man alles mögliche Fragen: z.B. „Wie hab ihr euch kennen gelernt?“
Jetzt kann auch ein zweiter PUA ins Set kommen und stellt neue Fragen, man erzählt auch von sich selbst, wie sich die PUAs kennen gelernt haben und betont, dass euch die Freundschaft sehr wichtig ist. Damit werdet ihr mit dem Set eine gute Gemeinsamkeit finden.

PUA OPENER

Diesen Opener kann man vor allem auf der Straße oder vor einer Party in der Stadt bringen.
Er ist absolut perfekt für Clubs.

PUA: „Ich habe im Internet eine interessante Sache gefunden. Es gibt Männer, die behaupten, sie können jede Frau zu ihrer Freundin machen.
Oder in anderen Worten: sie können jede Frau verführen. Sie nennen sich Pick-Up Artists, auf deutsch Verführungskünstler. Ich habe mir im Internet ein paar Sachen angeschaut und werde es euch jetzt zeigen. Ihr sagt mir, ob es funktioniert oder nicht.“

HB gespannt: „Hm. Also, das will ich sehen.“

Ich habe immer positive Resonanz auf diesen Opener erhalten. Es ist ein Beweis, dass Frauen verführt werden wollen. Aber halt das Gespräch spannend und spielerisch.

PUA: „Aber da stand auch noch eine andere interessante Sache.“
HB: „Und zwar?“
PUA: „Weißt du, heutzutage haben Männer keine Ansprüche oder Erwartungen mehr an Frauen. Sie können mit jeder Frau Sex haben ohne ihren Namen zu wissen.“ Dieser Satz ist perfekt, weil du in diesem Moment einen sexuellen Spike gebracht hast.

HB: „Ja stimmt, das kenne ich ganz gut.“
PUA: „Also, bevor ich anfange mit meinen Verführungssachen, muss ich erst mal feststellen, ob du auch potentiell meine Freundin sein könntest.“

Jetzt musst du kurz wegschauen. So bringst du mehr Komfort in die Situation. Aber du musst weiter reden, damit du ihr keine Chance gibst, etwas auf das Wort „potentielle Freundin“ zu entgegnen.
PUA: „Ich mache mit dir einen kleinen Test. Er nennt sich „Vier-Kriterien-Test“. Ihn können nur hübsche und intelligente Frauen bestehen.“
Die HB wird total gespannt sein.

PUA: „Nr.1: Ich mag keine Frauen, die viel Make-up tragen. Berühre mein Handgelenk mit deiner Wange, um zu sehen, wie viel von deinem Make-up daran kleben bleibt. Das zeigt wie natürlich du bist.“
HB macht es, weil sie dir ja zugestimmt hat, diesen Test zu machen.

PUA: „Na ja… OK. Zweites Kriterium: Ich mag Frauen, die gut riechen. Lass mich dein Parfüm riechen. Es zeigt, welchen Style die Frau hat.“

Du wirst die Haare der Frau berühren, als ob du die Absicht hast, sie zu küssen und wirst dann an ihrem Hals riechen. Dabei fragst du nach der Marke. Es ist wichtig, dass du sie beschäftigst, während du riechst. Wenn sie das zulässt, bist du schon recht weit. Sie sagt die Marke des Parfüms.

PUA: „Hm… nicht schlecht, aber es sind noch 2 Kriterien zu erfüllen.
Also Nr.3: Ich mag Frauen mit gutem Geschmack für Schuhe.“
HB zeigt dir ihre Schuhe: „Ich mag diese Schuhe…“

Das solltest du aber echt nur bei Frauen mit hohen Absätzen sagen. Wenn sie keine Absätze hat, kann man den Kommentar auch anpassen:

PUA: „Na ja, ich mag Schuhe mit hohen Absätzen, aber Turnschuhe für die Stadt sind auch OK. Aber ich hoffe, wenn wir Abends in ein schönes Restaurant gehen, wirst du Schuhe mit hohen Absätzen tragen."

HB: „Ja klar."
PUA: „OK. Bis jetzt war alles auf dein Äußeres bezogen. Aber jetzt wird es Zeit, dass wir auf deinen Charakter eingehen. Das letzte Kriterium: Wärst du lieber zu 100% materiell zufrieden (Pause) ...oder sexuell? (Verführerisches Lächeln)

HB grinst: **„Klar, sexuell."**
Du hast einen NLP Spike gesetzt. Sie hat gerade Sex im Kopf, also fragst du:
PUA: „Hm… eine bessere Frage: Zu welchen Sachen würdest du im Leben nie nein sagen."

In der ersten Sekunde hat sie Sex im Kopf und du hast direkt noch einen sexuellen Spike gesetzt. Sie fängt nun an wirklich emotional über Ihre Leidenschaft zu erzählen. Dadurch kannst du nun sehr leicht in ein natürliches Gespräch überleiten.

Interessant ist, dass die Frauen mich im Anschluss nie nach den Pick-Up Artist Maschen gefragt haben, geschweige denn, sie dachten, ich hätte damit etwas zu tun.

So etwas passiert, wenn man den Opener schlecht rüberbringt. Wenn sie dich doch fragen sollten, dann sagst du: „Oh stimmt. Das habe ich voll vergessen.

Aber weißt du was, ich glaube einfach nicht daran. Ich denke auch du magst Männer, die ganz natürlich rüberkommen und einem nicht etwas vormachen viel lieber. Ich bin ein natürlicher Kerl. Ich studiere (habe einen Job), habe meine Hobbys, meine Freunde…“

Hier wirst du der Frau einen Spike geben, wo sie anfängt dich nach diesen Punkten zu fragen. Schließlich hast du ihr ja nicht gesagt, was du studierst oder als was du arbeitest.

Eine absolut natürliche Überleitung.

DREI GRÜNDE FÜR EINE EINLADUNG

PUA: „Heute Abend habe ich zufällig frei. Ich würde gerne etwas trinken gehen oder etwas kleines Essen. Aber kein Date. Diese klassischen, versteiften Dates find ich langweilig. Das ist mehr was für verklemmte Leute, oder was meinst du?“ Wenn sie dir an dieser Stelle nicht zustimmt, scheint sie selber ein bisschen verkrampft zu sein. Mach dir nichts draus. Lass sie guten Gewissens ziehen. Mit einer solchen Frau bekommt man früher oder später sowieso nur Zicken-Probleme.

HB: „Ich stimme zu. Ich mag solche Dates auch nicht.“
PUA: „Wann hattest du denn dein letztes? Du siehst so aus, als ob du öfter auf Dates gehst.“
Du gewinnst Zeit, sie wird dich überzeugen, dass es nicht stimmt.

HB: „Na ja… vor vier Monaten. Aber es lief schlecht.“
PUA: „Na siehst du. Aber wir haben ja auch kein Date. Aber mal angenommen, ich würde dich heute Abend gerne einladen.“ Hier kleine Pause machen, weil sie schon für den Abend etwas vorhaben könnte.

HB: „Ich habe schon was vor..“
Du machst weiter dein Ding, als ob du sie überhört hast. Und erwähnst einfach nicht mehr heute Abend.

PUA: „Also rein theoretisch, ich würde dich gerne einladen. Aber ich will nicht einfach so mit jemandem ausgehen. Vielleicht bist du ja durchaus ein intelligentes Mädel, lustig, freundlich, aber vielleicht auch nicht.

Könntest du mir 3 Gründe nennen, warum ich dich zum Essen einladen sollte? Was ist das Besondere an dir, wie kannst du mich beeindrucken?“
Wenn die HB zögert, dann sagst du wieder: „Nur rein theoretisch.“
Du musst sie zum Erzählen bringen. Wenn sie anfängt zu erzählen, hörst du sehr aufmerksam auf die Gründe, die sie interessant machen.

Wenn sie fertig ist, wiederholst du alle drei Gründe langsam. Wenn sie einen sehr oberflächlichen gesagt hat, wie zum Beispiel: „Ich bin sehr lustig“, dann sagst du: „Aber das sagen viele: Nenn mir ein Beispiel, dass du wirklich lustig bist.“
Du hast nun so viele Informationen, dass du spielend leicht ins natürliche Gespräch überleiten kannst.

BUCH IM ZUG OPENER

Die Idee ist, dass es einen Unterschied zwischen einem Zaubertrick und einem Pick-Up Artist Trick gibt. Bei einem Zaubertrick versuchst du, das Publikum zu beeindrucken. Bei einem Pick-Up Artist Trick zeigst du durch deine Schwäche deine starke Persönlichkeit.

Du sitzt im Zug bzw. Bus gegenüber einer HB, die gerade etwas liest:
PUA: „Entschuldige… als ich klein war, habe ich ein paar Zaubertricks gelernt. Meine Mutti hat sich darüber immer gefreut (du zeigst unterschwellig Gefühle für deine Familie). Aber ich habe die Tricks nie auf der Straße probiert. Wenn ich dich jetzt sehe, so wie du dein Buch liest, erinnert mich das total an meine Kindheit. Ich würde nach Jahren gerne mal etwas ausprobieren."

HB: „Und was denn?"
PUA: „Es geht um dein Buch. Ich werde jetzt schätzen, auf welcher Seite du gerade bist."
HB macht das Buch zu: „Na dann?"
PUA denkt sich eine Seite aus: „56."
HB: „Nein."

Jetzt kommt der PUA-Trick. Du hast es absichtlich versaut, aber zeigst deine starke Persönlichkeit. Die Frau bekommt das gar nicht mit.

PUA locker mit Lächeln: „Na siehst du. Meine Mutti hatte doch recht, als sie gesagt hat, dass ich damit aufhören sollte. Weißt du was, ich kann dir dafür den Inhalt des Buches sagen: Alle werden sterben…“ Du schaust noch mal genauer den Umschlag an und sagst:

„Nein, … also wenn ich diesen Umschlag sehe, dann werden sich eher alle verlieben.“
HB lacht und sagt: „Na ja, könnte sein…“
PUA: „Ich würde mal sagen, du bist der Typ Frau, der Liebesromane gerne mag.“
HB: „Ja ich liebe sie.“

PUA: „Sie zu lesen oder zu erleben?“ Hier kommt eine Pause. Es dauert kurz, bis sie auf den Gedanken kommt, dass sie mit Bücherlesen Zeit verschwendet und es besser wäre, wirklich alles real mit einem Mann zu erleben. Und du bist ja zufällig gerade da. Wenn du auf einer Party bist, kannst du auch ein bisschen sexuell eskalieren:

PUA: „Romantik ist eine tolle Sache. Ich bin auch romantisch. Ich habe kein Problem das zu sagen. Egal, was die Leute über mich denken. Männer wollen meistens Action. Das ist das Problem mit diesen Büchern. Man muss einen Mittelweg zwischen Romantik und Action finden.“

HB lacht: „Was meinst du mit Action?“
PUA: „Na ja, ich will nicht ins Detail gehen, aber du weißt schon was ich meine…“
HB lacht.
PUA: „Sag mir ehrlich, ist es dir schon mal passiert, dass das, was du gelesen hast, auch in der Realität passiert ist? Viele Frauen wünschen sich das ja.“

HB erzählt.
PUA: „Wenn zum Beispiel ein Mann kommt, der wirklich deine Wünsche erfüllen kann, würdest du ihn laufen lassen oder würdest du die Gelegenheit nutzen und etwas mit ihm unternehmen?“

HB: „Ja klar würde ich das.“
PUA: „Aber dieser Mann könnte ein sehr anspruchsvoller Mann sein und er geht nicht mit jeder Frau aus. Könntest du zwei Gründe nennen, warum dieser Mann mit dir ausgehen sollte?“ So kommst du in ein natürliches Gespräch.

AMPEL OPENER

Diese Opener hat mir sehr viel Freude und schnelle N-Closes gebracht. Eine HB steht bei Rot an der Ampel und du stehst neben ihr. PUA ohne Preopener: „Hey... schau mal, jetzt ist die Ampel gerade rot und wir warten eh. Lass uns solange ein kurzes Spielchen machen. Ich werde dir eine kurze Story erzählen und wenn wir auf der anderen Seite der Straße ankommen, wirst du von mir so beeindruckt sein, dass du mir deine Nummer gibst und mit mir auf ein Date kommst.“ In dieser Zeit wirst du schon neben deiner HB über die Straße laufen.

„Also diese Story ist vor ein paar Jahren passiert, als ich noch klein war. Ich hatte einen Hundewelpen zu Hause (sie ist total gespannt). An einem Tag, als ich...“

Mittlerweile seid ihr schon auf der anderen Seite der Straße angekommen und du machst das Geräusch vom Fernsehquiz, das eingespielt wird, wenn sich jemand geirrt hat.

„Drnnnn“ „Ich hab’s nicht geschafft.“
HB voll gespannt: „Erzähl weiter!“
PUA: „Aber ich habe es nicht mehr geschafft, also egal wie das ausgeht, du gehst nicht mit mir auf ein Date. Aber weißt du was? Wir können ja mal als gute Freunde ausgehen. Vielleicht erzähle ich dir dann noch ein paar andere Geschichten aus meinem Leben. Ich muss leider in eine andere Richtung, aber wir tauschen die Nummern und ich melde mich nächste Woche bei dir.“
N-Close… und zwar sehr effektiv.

NIGHTCLUB PREOPENER

Im Nightclub kannst du am Anfang statt mit dem klassischen Preopener „Hey, ich muss gleich los, meine Kumpels warten auf mich“ etc. auch einfach kurz und knackig so ins Gespräch einsteigen:

PUA: „Hey, da vorne am Eingang hat ein Typ ein paar Leute und mich gefragt, ob… (Opener folgt). Was meint ihr dazu?“

NIGHTCLUB OPENER – HB10<

Dieser Opener hatte einen riesigen Erfolg in Londoner Nightclubs mit den heißesten Mädels überhaupt. Er ist der Beweis, dass fast alle Frauen nett sind und nur einen ganz normalen Mann mit schönen Schuhen wollen. Der Opener ist nur für Clubs geeignet.

Dein HB sitzt oder tanzt mit ihren Freundinnen. Du sprichst sie sehr direkt an und sagst:

„Hey, ich bin Milan. Weißt du was? Wenn ich dich hier so sehe und mir denke, wie viele Männer hier so um dich herumspringen, frage ich mich wirklich, wie viele von ihnen dich ansprechen und nur das Eine wollen.

Auf mich wirkst du jedenfalls so, als ob du noch etwas mehr anzubieten hast, außer einer schönen Fassade. Aber keinen dieser Männer scheint das zu interessieren. Ich glaube, nur wirklich intelligente Frauen können heutzutage Arschlöcher von guten Männern unterscheiden.
(beim Wort „guten Männern“ ist es wichtig, auf sich selbst zu zeigen: Sie denkt nun unterbewusst, dass du ein guter Mann bist).

Ich glaube, du gehörst zu diesen Frauen und kannst auch die schlechten Männer von den guten Männern unterscheiden (wieder zeigst du auf dich selbst).

Und ich würde mal behaupten, dass du etwas Schönes über dein Leben, über deinen Job zu erzählen hast …“

HB: „Ja klar…“ Sie versucht zu reden und du wirst sie aussprechen lassen. Dann:

PUA: „Wow. Klingt gar nicht schlecht.“ Und wiederholst in deinen eigenen Worten, was sie dir gerade gesagt hat. Dann:

PUA: „Hey, ich will nicht unhöflich sein und dich vom Tanzen mit deinen Freundinnen abhalten. Außerdem warten meine Freunde schon auf mich. Aber wir sehen uns später und trinken was, ich muss jetzt los.“

Dann gibst du ihr ein zärtliches Küsschen auf die Wange und verlässt das Set. So öffnest du 3 oder 4 HBs.

Nach etwa 20 Minuten machst du wieder eine Runde und gehst zu den Frauen. Einer nach der anderen. So hast du in sehr kurzer Zeit gezeigt, dass du höflich und interessant bist und dass dir auch andere Sachen neben der Frau wichtig sind.

Du machst aus einem Cold Approach einen Warm Approach. Sie werden sich mit ihren Freundinnen über dich unterhalten: „Oh, der war aber sehr nett, sehr höflich und nicht so ein Idiot wie die anderen."

Wenn du dann wieder nach 20 Minuten vorbeikommst, bist du als guter Freund angenommen und 100% ins Set eingeladen.

Dann, wenn du mit der HB10 sprichst, wirst du erwähnen, was sie dir vorher über ihren Job erzählt hat. Klar, da musst du aufpassen, nicht mit den Jobs und Namen durcheinander zu kommen, aber die Anstrengung lohnt sich.

HAARFARBEN OPENER

PUA: „Stimmt es, dass Frauen, die in einer Beziehung sind, die gleiche Haarfarbe tragen, wie ihr Partner? Also wenn du blonde Haare hast, dann hattest oder hast du einen blonden Freund."

Dieser Opener ist sehr gut, um herauszubekommen, ob sie einen festen Partner hat. Ich benutze diesen Opener ziemlich oft in Sets anstelle der Frage: Bist du Single?
HB: „Also bei mir nicht. Mein Exfreund hatte dunklere Haare."

PUA: „Also stehst du auf dunkelhaarige Männer?“
HB: „Nicht wirklich, mir sind andere Sachen wichtig.“

Hier bietet sich die Frage an: „Welche?“ aber das ist eher eine AFC-Frage.

PUA: „Lass mich raten. Du bist eine Frau, die auf Geld steht.“
HB: „Neeee.“
PUA: „Oder auf Kunst?“
HB: „Könnte sein.“
PUA: „Also wenn ich dich so sehe, würde ich sagen, du verreist recht viel.“

Die Idee ist, dass du ein indirektes Cold Reading machst, womit du versuchst, eine ihrer persönlichen Motivationen zu finden. Normalerweise werden dir die Frauen von selbst alles Wichtige verraten. Wenn sie das aber nicht tun sollten, gehst du in direktes Cold Reading über.

PUA: „Lass mich raten, du arbeitest gerne mit Menschen zusammen.“
Gut daran ist, dass 99,9% aller Jobs mit anderen Menschen zu tun haben.
HB: „Stimmt. Ich studiere Medizin.“
Dann gehst du in die natürliche Konversation über.

DIGITALKAMERA OPENER – ALLEINE

Dieser Opener ist ein kleiner Trick und funktioniert perfekt in Sets. Dazu brauchst du nur eine Digital Kamera. Am besten ist eine alte, an der du das Display ausschalten kannst. Da kann man Fotos nur durch das Objektiv machen. Du fragst eine Frau, ob sie ein Foto von dir macht. Das sollte kein Problem sein. Nachdem sie dich fotografiert hat, nimmst du die Kamera in die Hand und tust so, als ob du das Display anschaltest, um zu sehen, wie das Foto geworden ist. In Wirklichkeit findest du in deiner Fotogalerie aber ein Bild, das du schon vorher vorbereitet hast. Auf dem Bild wird nur der Teil deines Körpers zu sehen sein, an dem auch dein bestes Stück verortet ist. Also von Bauch zum Knie (natürlich in der angezogenen Variante, du Draufgänger). Dann zeigst du das Bild der Frau.

PUA: „Hm... vielleicht bist du sexuell ja durchaus aufgeschlossen oder du magst mich, aber ich wollte eigentlich ein ganz normales Foto von mir haben. Ich will das nachher als MMS meiner Mutter schicken. Die liegt mir schon seit Wochen im Ohr, dass sie unbedingt ein schönes Foto von mir als Hintergrundbild für ihr neues Handy will. Aber so geht das nicht!

Damit zeigst du eine gute und lockere Beziehung zu deiner Mutter.

HB: „Nein, nein, da muss was schief gelaufen sein."
Man kann diese Routine auch im Gespräch verwenden, wenn du das Gefühl hast, die Konversation geht nirgendwo hin und du wirst die Frau verlieren.

Aber am besten geht das natürlich auf Partys. Ich habe es einmal ohne Vorbereitung gemacht. Ich hatte in meiner Digicam ein altes Bild. Die Frauen haben aber trotzdem nicht gleich bemerkt, dass ich auf dem Foto eine ganz andere Hose trug.
Wenn sie das nach ein paar Sekunden bemerkt haben, kannst du dir vorstellen, wie viel Spaß wir hatten. Sie haben so gelacht, dass sich alle Frauen im Raum zu uns umgedreht haben.

DIGITALKAMERA OPENER – MIT WING

Dieser Opener funktioniert ähnlich wie der letzte. Aber diesmal machst du vorher ein Foto von deinem Kumpel, wie er alleine dasteht und seinen Arm quasi auf die Schulter eines unsichtbaren Mannes legt.

Dann sprichst du mit deinem Kumpel ein Set an, das ein Foto von euch machen soll. Du posierst mit deinem Kumpel und er legt seinen Arm auf deine Schulter. Das Set fotografiert euch und es folgt das gleiche Spiel.

Du nimmst die Kamera und checkst das Foto.
PUA: „Hm, das sieht aber interessant aus."
Set: „Zeig mal…"

PUA: „Ich weiß nicht Mädels, was ihr gemacht habt, aber ich bin nicht drauf. Nur mein Kumpel..."
HB: „Wow… wo bist du denn? Du standst da doch auch."
Und damit beginnt der Spaß. Gut fürs Clubgame.

DIREKTER OPENER

Dieser Opener ist am besten in einer Situation zu verwenden, wenn du die Frau in einer S-, oder U-Bahn, oder in einem Bus siehst und sie schaut dich mit großem Interesse an.

Das passiert irgendwann jedem Mann. Hier kann man aber die Frau sehr schlecht ansprechen, weil oft viele Leute drum herum stehen. Hier denken viele Männer viel zu krampfhaft darüber nach, wie sie das im Bus machen sollen.

Du solltest das auch nicht machen. Am besten wartest du einfach, bis sie aussteigt und verlässt dann ebenfalls den Bus und sprichst sie gleich an, wenn keine anderen Leute in Hörreichweite sind. Sonst machst du dir selber unnötig Druck und bist nicht locker. Gar nicht gut. Also:

PUA (langsam): „Hey, ich spreche nicht viele Frauen an, aber ich habe mir gedacht, wir können ja mal einen Kaffee zusammen trinken gehen."

Es scheint zu direkt zu sein, aber es funktioniert 100%, weil sie dich schon im Bus (S-, U-Bahn) angeschaut hat, also ist sie interessiert. N-Close.

Es scheint ein ganz einfacher Opener zu sein, aber trotzdem ist er magisch: Mit diesem Opener hat vor knapp drei Jahren mein Kumpel in der Londoner Tube (U-Bahn) eine Frau angesprochen. Jetzt sind sie glücklich verheiratet und haben einen einjährigen Sohn.

STORY: EIN PLATINUM RESIDENTIAL STUDENT

Ich sage meinen Studenten beim Streetgame immer, dass sie das Auftreten/Verhalten der Frauen richtig deuten müssen. Wenn Frauen z.B.: schnell laufen, dann haben sie keine Zeit und dann ist die Wahrscheinlichkeit eine Abfuhr zu bekommen recht hoch.

Wenn sie langsam im Park oder auf einem Platz durch die Stadt bummeln, dann läuft das Opening meist wie von selbst. Deshalb sage ich immer, dass Streetgame am besten Sonntags, Montags und Dienstags funktioniert, weil die Frauen entspannter sind. Montags jedoch nur, wenn sie nicht arbeiten müssen.
Es war gerade Montagabend Anfang Dezember. Ich hatte einen Studenten, der die ganze Woche mit Gambler und mir zusammen wohnte, am Leicester Square. Er nahm teil am sogenannten Platinum-Residential 7 Tage-Kurs. Jeden Tag hatte er bei einem von uns beiden Trainern ein Einzeltraining. Ich war gleich am Montag an der Reihe.

Also sind wir nach ein bisschen Theorie raus auf die Straße gegangen. Wir haben einen Haufen Sets angesprochen, bis eine HB9 sehr schnell über den Leicester Square in Richtung Piccadilly Circus lief.

Da sagte ich: „Hey schau mal da. Du hast heute noch kein Super Hot Babe angesprochen. Also weißt du auch nicht, wie es ist eine Abfuhr auf der Straße von so einer heißen Frau zu bekommen.

Das ist wie wenn ein Formel-1-Fahrer gegen eine Wand fährt. Du musst erst das Auto zerstören, damit du das Gefühl kennst. Also los, sie hat es eilig. Es gibt immer eine 5% Chance, dass sie anhält.

Vielleicht hat sie sich gerade von ihrem Freund getrennt oder Ihre Freundin hat am Wochenende einen geilen Macker abgeschleppt und sie will ihr beweisen, dass sie das auch kann.

Es gibt immer genug persönliche Gründe dafür aber auch dagegen. Du musst immer direkt reagieren. Also los.“

Der Student hat die HB9 dann mit irgendeinem Opener wirklich angehalten. Ich habe aber gleich bemerkt, dass er verdammt nervös war und das geht meistens nicht gut aus.

Kurz nach dem Opener hatte er nichts mehr zu sagen, sie stand aber immer noch da und wartete, was er sagt. Und was sagt er? „Also, dann wünsch ich dir einen schönen Abend, bye.“ Sie sagt nur „Bye“ und geht weg.

In solchen Momenten ist bei mir die Hölle los:

„Hey Mann (fast geschrien)! Das war doch ein super Set! Jetzt gehst du sofort zurück zu ihr und sagst:

Hey, darf ich noch mal kurz stören? Ich spreche nicht viele Frauen auf der Strasse an, aber ich habe mir gedacht, wenn ich dich nicht anspreche, könnten wir vielleicht etwas Schönes verpassen. Lass uns mal zusammen einen Kaffee trinken gehen, hier ist mein Handy, tipp einfach deine Nummer ein.“

„Aber…“ „Nein kein aber! Jetzt gehst du los. Ich will kein ABER hören!“ Dabei habe ich ihn fast ein wenig zu brutal losgeschoben, so dass er fast gerannt ist. Manchmal brauche ich bei diesem Job echt mehr Gelassenheit.

Wir sind beide hinter ihr hergelaufen. Ich habe zugeschaut, wie er sie von der Seite angesprochen hat. Sie fing gleich an zu strahlen. In diesen Moment hätte er alles sagen können, wie: „Die Welt geht morgen unter, gib mir deine Nummer!“ es würde alles klappen.

Als er das Cafe vorgeschlagen hat, hat sie nur mit einem wunderschönen französischen Akzent gesagt: „I love to“.

Am nächsten Tag kam ich später nach Hause traf dort den Student und die HB9. Als ich sie sah, dachte ich nur: FUCK! Haare nach oben gesteckt, schwarzes langes Kleid, geile hohe Absätze. Sie sah eher wie ein Date fürs Theater aus - nicht zum Kaffee.

Ähnliche Geschichten habe ich viele erlebt. Immer ging es um das Gleiche:

Die Antwort, ob du mit einer schönen Frau etwas erlebst, oder alleine nach Hause gehst ist: **AKTION**.

Wenn du darüber nachdenkst, den nächsten Schritt zu machen oder nicht, ob du sie ansprichst oder nicht, mach es.

Auch wenn du dabei eine Abfuhr bekommst – du hast dein Formel-1-Auto zerstört und gleichzeitig deine Hemmschwelle, schöne Frauen anzusprechen, weiter abgebaut.

Opener ohne Preopener

AFC OPENER

Dieser Opener kommt von meiner Ex. Sie hat mir mal erzählt wie ein schüchterner Typ dreimal ankam und sie ansprechen wollte. Immer wenn er ankam, hat er sich es anders überlegt und nur noch schüchtern zu Boden geschaut und ist ohne Worte weggegangen.

Meine Ex erzählte mir, dass er beim ersten Versuch sie und ihre Freundin nur komisch angeschaut hat. Beim zweiten Mal haben sie sich schön über ihn unterhalten und als er beim dritten Mal wieder nichts gesagt hat, haben sie schon gelacht. Meine Ex hat sogar gesagt: „Das war so süß und er wirkte so unschuldig. Wir wollten sogar, dass er uns anspricht, aber er sagte einfach nichts."

Also habe ich überlegt, wie man das in einen Opener einbringen kann.

Jetzt aber Vorsicht! Es könnte den Eindruck erwecken, dass ich hier gnadenlos gegen das Pick-Up Alpha-Gesetz verstoße, weil ein PUA ein starker Mann ist. Aber wenn man das als Spaß nimmt und trotzdem ein Alphamann bleibt, funktioniert dieser Opener perfekt.

Es ist mir sogar passiert, dass die HB nach dem dritten Mal mit einem großen Lächeln zu mir kam und mich geopened hat: „Hey, sei nicht so schüchtern, komm zu uns…". Volltreffer mit F-Close.

Nachher muss man aber noch Alphaverhalten einbinden:

Also wenn die HBs schon über dich lachen, oder die HB sogar zu dir kommt, sagst du:
PUA: „Hey, vielleicht wirkt das so als ob ich schüchtern bin, aber ich habe mir Gedanken gemacht, wie ich attraktive Frauen stilvoll ansprechen kann, so dass sie mich als einen guten, interessanten und lustigen Mann wahrnehmen (dabei zeigst du mit deinem Finger auf dich) und nicht wie all die Anderen hier, die nur das Eine wollen (da zeigst du auf alle anderen AFCs im Raum, am besten auf den bestaussehendsten Mann)?“

Lass die HBs ausreden und lenke dann die Konversation darauf, wie sie dich ansprechen würden, wenn sie an dir interessiert wären.

KUSS OPENER

Diesen Opener habe ich sehr oft bei Workshops in Nightclubs in London und den USA oder bei OneOnOne-Trainings verwendet. Mit dem Kuss-Opener konnte ich meinen Studenten super zeigen, was alles möglich ist.

Nachdem ich ihnen das erklärt hatte, haben manche das gezeigte Material schon Minuten später selbst durchgeführt. Ein guter Crazy-Party-Opener. Er verlangt aber am Anfang sehr viel Selbstbewusstsein, weil man dabei sehr schnell eskalieren muss. Nach 2-3 Mal geht das wie geschmiert. Interessant ist, dass ich nie eine negative Reaktion bekommen habe.

Du fängst sehr langsam an. Fast so als ob du schüchtern wärst.

PUA: „Hey, ich habe eine Frage an dich. Ich habe dich tanzen gesehen und du hattest echt viel Energie (Du bist sehr positiv). Ich habe mir gedacht, du wirst sehr abenteuerlich und offen sein. Die meisten energievollen und intelligenten Frauen sind so."

Sie muss jetzt ja sagen, sonst würde sie sich selbst nicht intelligent finden. So schiebst du sie in den Rahmen, dass sie ebenfalls abenteuerlich ist.

HB: „Ja, das bin ich."
Jetzt schiebst du ihr den „Kuss-Spike" in ihren Kopf.
PUA: „Weißt du, ich habe irgendwo gelesen, dass die Leute sich immer seltener küssen. Für mich ist Küssen und Kuscheln viel wichtiger als Sex."

HB: „Ja, für mich genauso."
Hier kommt der Punkt, der ein großes Selbstbewusstsein verlangt. Du musst ihr sehr selbstsicher gegenüberstehen, sehr nah „Face to Face" nur ein paar Zentimeter von ihrem Gesicht entfernt. Du schaust auf ihre Lippen und siehst ihr dann entspannt verführerisch in die Augen.

Dabei hältst du leicht ihre beiden Hände. Es ist eine laute Party und du musst nah dran sein, sonst könnt ihr euch nicht unterhalten.

PUA: „Bist du wirklich so abenteuerlich, wie du sagst?"
Sie denkt nach, aber du lässt sie nicht antworten, weil die Antwort sehr unsicher wäre, wie: „Kommt drauf an…"
PUA: „Bist du spontan und aufgeschlossen gegenüber Dingen, die du wirklich magst?"

HB: „Ja klar.“ Hier schaust du auf ihre Lippen und lässt sie ans Küssen denken.

PUA: „Ich mag spontane Frauen. Bist du spontan?“
HB: „Ja klar.“

Wenn du so weit bist, wird der Kiss-Close jetzt kommen.
PUA: „Bist du so abenteuerlich, einen Mann spontan zu küssen?“
Hier lässt du sie nicht antworten. Sie will etwas sagen, aber du legst deinen Finger auf ihre Lippen, so dass sie nicht sprechen kann.

„Psssst…“ und spielst kurz mit ihren Lippen. Wenn sie das zulässt, gehst du mit der Hand durch die Haare, greifst sie fest von hinten und drückst ihren Kopf leicht zu dir. Nicht deinen Kopf zu ihr bewegen. Es zeigt große Dominanz, sie zu dir kommen zu lassen. Du machst immer noch keinen Kiss-Close. Du beginnst ganz zärtlich, sie auf ihre linke Wange zu küssen. Dann gehst du auf die rechte Seite. Es zeigt ebenfalls Dominanz, wenn du sie so zärtlich auf die Wange küsst. Sie wird dadurch außerdem darauf vorbereitet, dass du sie gleich küssen wirst. Dann gehst du langsam (sehr langsam) mit einem kleinen Küsschen von der Wange zum Mund, bis deine Lippen ganz leicht ihre Lippen berühren. Bis jetzt benutzt du keine Zunge. Nur eure Lippen sind im Spiel. Und denk daran deine Lippen absolut weich und entspannt zu haben. Sie soll als Erste ihre Zunge ins Spiel bringen, bevor ihr mit dem Vollgas Kiss-Close beginnt.
Funktioniert 100 %. Du wirst diesen Opener auch bald hinbekommen. Dieser Opener ist absolut für Fortgeschrittene. Auf Workshops schaffen es aber trotzdem viele Studenten.

FLUGHAFEN OPENER

Im Sommer 2007 bin ich von meiner damaligen Firma in London aus viel geschäftlich geflogen. Viele Leute waren neidisch, dass ich so viel reise, aber in Wahrheit ist es schrecklich gewesen. Nur Flughafen, Hotel, Meeting, Flughafen. Und die Kopfschmerzen, die ich bei jeder Landung habe, machen mich verrückt.

Ich war die ganze Zeit irgendwo, wo ich nicht sein wollte. Ich hatte in London ein schönes Leben, mein kleines Cabrio, meine HB's, meine geile Wohnung, aber wenn ich irgendwo hingeflogen bin, gab es nichts davon. Also wollte ich mindestens am Flughafen sargen.

Oft lesen die HBs am Flughafen irgendwelche Magazine.
PUA: „Hey. Ich sehe du bist sehr beschäftigt mit Lesen, aber wenn du schon so ein Magazin liest, dann kennst du dich doch sicherlich auch ein bisschen mit Liebe und Partnerschaft aus."
HB wird aufmerksam und schließt das Magazin.

PUA: „Wusstest du, dass sich am Flughafen nur sehr wenig Leute kennen lernen?"
HB: „Kann schon sein."

PUA: „Was sehr interessant ist, Menschen lernen sich an den unterschiedlichsten kennen. Aber rate mal, wo die Erfolgsquote beim Kennen lernen und anschließendem Heiraten am höchsten ist?"
HB gespannt: „Wo denn? Am Flughafen?"
PUA: „Ja genau (lachen). Ich will dich aber nicht heiraten (lachen), du bist hübsch, aber nicht mein Typ. Ich hab mich nur gefragt, ob

das stimmt und wie so etwas sein kann. Weil heiraten ist ja nicht nur für Weihnachten, nicht wahr?“

Du hast einen Push-Pull Spike gebracht. Sie ist hübsch, aber sie kann dich nicht leicht haben. Das macht Frauen verrückt. Hier wird die HB zu erzählen beginnen.

HB: „Die Leute haben viel gemeinsam, sie arbeiten, sie reisen und fliegen öfter in die gleiche Stadt…“

Schon ist die natürliche Konversation losgetreten. Easy N-Close oder gleich ab ins nächste Café. Am Flughafen habe ich die intelligentesten Frauen kennengelernt.

KINDER OPENER – TOCHTER KENNEN LERNEN

Es ist ein sehr netter Opener und ich mag ihn persönlich, weil ich Kinder liebe. Dieser Opener brachte oft schnelle und solide N-Closes, wenn sich die Situation dazu angeboten hat.

Du siehst ein Set oder eine HB mit Kind – ein Mädchen. Sie muss nicht unbedingt die Mutter sein. Besonders in London arbeiten viele attraktive HBs aus Osteuropa als Babysitter, Nanny oder Au-Pair.
Männer denken oft automatisch, dass es sich um die Mutter handelt und sprechen daher nie eine Frau mit Kind an. Ein großer Fehler.
Ob es die Mutter oder ein Babysitter ist, kann man ganz einfach erkennen: In Westeuropa gibt es gegenwärtig einen Trend bei jungen und hübschen Frauen, bei dem die Kariere, das Reisen oder

Partys weit vor dem Heiraten und Kindern auf der To-Do Liste steht.

Besonders in Großstädten. Wenn du also eine recht attraktive und junge Frau mit Kind siehst ist sie zu 80% nicht die Mutter sondern der Babysitter.

Diese hübschen HBs wollen angesprochen werden und mit einem netten Mann ausgehen, um ein wenig Ablenkung von ihrer Gastfamilie zu bekommen.

PUA geht in die Knie und sagt zum Kind: „Hey, wie heißt du denn..."
Das Kind ist zurückhaltend aber die HB lächelt und sagt: „Sie heißt Sarah, sie ist ein bisschen schüchtern."

PUA spricht weiter zum Kind: „Hey Sarah, das ist aber ein schöner Name, wie alt bist du denn?"
Kind: „Ich bin 4 Jahre alt."
Das ist ein absolutes AFC Gespräch. Aber das ist beabsichtigt. In allen Openern geht es darum, die Frau nicht merken zu lassen, dass sie angemacht wird. Hier willst du, dass die HB das merkt.

PUA enthusiastisch: „Wow, du bist schon 4 und so hübsch. Du musst schon ganz schön viel Lebenserfahrung gesammelt haben. Ich finde dich so nett.
Aber mit 4 Jahren bist du nicht alt genug um meine Freundin zu sein (traurig). Aber wenn du älter wärst, würde ich sofort mit dir ausgehen. (HB lacht)

Hey Sarah (wieder enthusiastisch), ich habe eine Idee. Wir machen Folgendes. Ich schreibe dir meine E-Mail Adresse auf und du schreibst mir in 15 Jahren eine E-Mail.
Wenn ich dann immer noch am Leben bin, dann treffen wir uns und gehen etwas Schönes essen.

Weißt du, ich habe ein abenteuerliches Leben, Reisen, Extremsport usw. Keine Angst, ich werde alles dafür tun, dass ich weiterhin 28 bleibe, genauso wie jetzt."

HB lacht sich kaputt. Pause. Jetzt musst du davon ausgehen, dass es keine Mutti ist.
PUA: „Aber bis dahin würde ich gerne mit deiner Betreuung ausgehen. Darf ich das machen? Darf ich deinen Babysitter zu einem schönen Abendessen mitnehmen? Wenn sie nach Hause kommt, wird sie dir sagen, ich war nett und lieb und ich werde sie pünktlich um 10 Uhr abends nach Haus bringen bevor du schlafen gehst." HB ist voll am lachen.

Sollte die HB die Mutter sein, wird sie es sagen.
PUA: „So eine hübsche Mutter. Ich bin sehr neidisch auf ihren Mann oder Freund."

Wenn sie sagt, dass sie Single ist, dann hat sie Interesse an dir und du kannst gleich N-closen. Wenn sie der Babysitter ist, sagt sie: „Wie hast du das gewusst, dass ich Nanny bin?"

PUA: „Jeder intelligente Mann kann doch eine erschöpfte Mutter von einer energiegeladenen jungen Lady unterscheiden. Ich bin Milan."

HB beeindruckt: „Ich bin HB10."
PUA: „Schau mal HB10, ich bin gerade auf dem Weg zu einem Meeting, aber ich würde dich gerne auf einen kleinen Kaffee einladen. Dann können wir uns weiter unterhalten."

Anmerkung: Ich will hier keine pädophilen Gedanken wecken. Ich will auch keinem Mann seine junge hübsche Ehefrau von einem PUA klauen lassen. Ich distanziere mich hier von all diesen Sachen. Dieser Opener ist nur für eine Nanny, Babysitter oder eine alleinstehende Mutter zu verwenden.

KERZEN OPENER

Das ist ein Opener für ruhige Cafés. Am besten sprichst du sie an, wenn sie nach dem Einkaufen müde und alleine dasitzt. Bevor du sie ansprichst, nimm von einem anderen Tisch eine Kerze.

PUA stellt die Kerze auf den Tisch und zündet sie sehr langsam an und spricht mit ruhiger, romantischer, langsamer Stimme.

„Hey. Ich habe mir gedacht, du wirst eine romantische Frau sein und würdest gerne einen romantischen Mann kennen lernen. Mein Name ist Milan. Ich werde mich kurz hinsetzen, muss aber gleich los."
Du gibst ihr keine Zeit zu antworten. Sie könnte ja auch nicht romantisch sein.
PUA: „Du warst bestimmt etwas Schönes einkaufen. Was hast du denn gekauft? Lass mich raten. Schöne Schuhe."

99% der Frauen, die Einkaufen gehen, kaufen Schuhe. HB fängt mit der Konversation an. Sie ist schnell geöffnet, will dich gerne kennen lernen, weil du dich als Romantiker vorgestellt hast und sie das jetzt testen will.

Die Konversation kannst du mit einer Theater Einladung schließen – N-Close.

DAS PASST GUT ZUSAMMEN.

Man könnte ihn auch als Kompliment Opener bezeichnen.
PUA: „Hey, ich mag deine Schuhe. Und dein Top ist auch nicht schlecht. Aber weißt du was ich besonders gut finde? Beides passt einfach echt gut zusammen. Was hast du zuerst gekauft?"

Es muss nicht unbedingt das Top sein, das du an ihr mit dem Kompliment hervorhebst. Versuche einfach etwas an ihr zu bemerken, womit sie sich die meiste Mühe gegeben hat oder welches Accessoire für sie wichtig ist. Ich spreche oft auch über Ohrringe und Maskara.

So zeigst du, dass du anders als andere Männer bist, weil du etwas an ihr bemerkst, was ihnen wichtig ist. Jede Frau macht sich bevor sie ausgeht, Arbeit und Gedanken, damit alles an ihrem Aussehen gut passt.

Und was ist das Ergebnis? Keiner bemerkt es. Außer dir! Aber du musst das Kompliment offen enden lassen, so dass die Konversation weiter gehen kann.

HB: „Oh. Danke. Ich habe das und das gekauft in diesem und jenem Geschäft."

PUA: „Wow. Ich sehe, du gehst gern Einkaufen. Wo gehst du denn am liebsten hin?“
HB leitet zur natürlichen Konversation über.

FAST FOOD OPENER

Sehr guter Opener nach einer Party, wenn du um 3 Uhr im Fast Food Restaurant etwas Essen gehst. Aber man kann den Opener auch am Tag benutzten. Immer mit einem Wing ein 2er Set ansprechen:

Erst musst du dich ein wenig mit deinem Wing streiten, wer von euch beiden dicker ist. Stellt sicher, dass auch das Set es mitbekommt.

PUA: „Hey Mädels, wir brauchen eure Hilfe. Ihr seid so schlank und hübsch. Ich glaube ihr habt sicher viel Ahnung von richtiger Ernährung und einem guten Lifestyle. Fast Food macht richtig dick, aber es schmeckt so gut.“ HBs lachen

PUA: „Also, ich bin es Leid, mit meinem Kumpel darüber zu streiten. Wisst ihr, wir haben vor einer Woche eine Wette gemacht, dass wir nur Fast Food essen werden und zwar jeden Tag. Also absolut ungesundes Essen. Wir waren sogar in einen Laden und wollten dort das fetteste Essen. Aber wir haben immer nur fettarme Angebote bekommen.“ HBs kugeln sich beide vor Lachen.

„In unserem Wettbewerb geht es darum, wer schneller von uns zunimmt. Heutzutage versuchen immer alle schön hübsch und schlank zu sein, gut auszusehen. Aber intelligente Leute können sowieso erkennen, dass wir gute Menschen sind.

Klar, wir machen schon Sport. Mein Kumpel spielt Eishockey, ich gehe Rudern und Windsurfen und ein Mal in der Woche spielen wir Fußball. Aber trotzdem ist das Aussehen doch nicht so wichtig wie die inneren Werte, oder?“

HBs lachen und fangen an über Aussehen und Charakter zu erzählen.

AFCs versuchen immer hübsche Frauen zu beeindrucken. Du schiebst den Sport als Spike und dennoch zeigst du, dass du die HBs nicht beeindrucken willst. So zeigst du deine starke Persönlichkeit. Wenn sie dich betrachten, um festzustellen, ob du fett bist, werden sie immer sagen: „Na-ja du bist gar nicht so dick, du siehst eigentlich gut aus.“

Interessant ist, dass ich diesen Opener auch mit einem Studenten gemacht habe, der ein bisschen Übergewicht hatte. Trotzdem hat es geklappt. Das Set ist nach diesem Opener offen und ihr könnt euch weiter unterhalten und so Komfort und Zeit gewinnen. Nachher könntet ihr mit dem Set noch in eine Bar gehen, um etwas zu trinken oder euch für den nächsten Tag verabreden.

FORTGESCHRITTENER DIREKTER OPENER

Dieser Opener ist sehr gut, wenn du zufälligerweise eine attraktive Frau alleine an der Bar siehst. Das passiert sehr selten, aber wenn es passiert, musst du darauf vorbereitet sein. Mir persönlich ist das nur in zwei Situationen passiert:

1.) Als ich bei Firestone viel rumgereist bin, bin ich abends nach dem Meeting immer in die Hotelbar für einen Drink gegangen. Unter der Woche ist in Hotels übrigens nicht viel los und es sind ab und zu auch junge Businessfrauen, Hostessen und Models alleine an der Bar.

2.) Wenn ich mich mit einem Kumpel in einer Bar treffen wollte und ich ein bisschen zu früh da war, saß da manchmal auch die eine oder andere Frau alleine da und wartete auf ihre Freundin.

In diesen Situationen musst du zu der Frau gehen und einfach ganz langsam mit Pausen die ganze Situation beschreiben. Der Trick dabei ist nicht, was du sagst, sondern wie du es sagst. Deshalb ist es ein sehr fortgeschrittener Opener, weil du durch den Opener nur Zeit gewinnen willst, bis sie hooked.

Also alles sehr langsam und mit Charme (Sean Connery-, oder George Clooney-Style). Lerne nach allem, was dir eine Frau sagt, eine Pause zu machen. Das ist wirklich sexy. Mehr kommt in meinem Komfort-Buch.

PUA: "Hey, darf ich mich kurz setzen? (du wartest nicht auf die Antwort, du setzt dich einfach hin – aber sehr langsam und dabei redest du weiter).

„Ich habe dich gesehen, wie du hier alleine sitzt. Ich warte gerade auf meinen Kumpel und du wartest wahrscheinlich auf deinen Ehemann. (Pause)."
HB: „Neeeiiin, ich warte auf … " sie sagt die Wahrheit. Wenn nicht, dann schaust du sie nur an und wartest bis sie die Antwort gibt.

Gehe dann in die natürliche Konversation über. Es kann auch ein Opener folgen: Wie kann man z.B. eine Frau ansprechen, die alleine in einer Bar sitzt. Damit erzählst du der Frau, wie schwer das eigentlich für einen Mann ist.

Wenn ihre Freundin ankommt, dann sagst du ganz höflich:
„Hey, deine Freundin ist hier. Also ich will euch nicht stören Mädels, ich warte auf meinen Kumpel. (Hier wird die HB wollen, dass du bleibst, aber ihre Freundin wahrscheinlich nicht).

PUA: „Vielen Dank, aber deine Freundin wird dir bestimmt etwas Interessantes erzählen (damit hast du sofort auch ihre Freundin auf deine Seite gezogen). Aber das war eine nette Konversation, das sollten wir definitiv weiterführen (Pause, warte, bis sie JA sagt). Wie kann ich mit dir in Kontakt bleiben?" N-Close.

Dabei ist es sehr wichtig, dass das ganze Gespräch absolut normal und langsam geführt wird. Wenn sie auf Ihre Freundin wartet, kannst du sie nicht F-Closen und darfst auch keine großartige Eskalation entwickeln.

SCHLANGE OPENER

Dieser Opener ist perfekt in einer Schlange, aber du kannst ihn auch in Geschäften verwenden, allerdings eignet er sich nach meiner Erfahrung immer noch am besten für eine Schlange in einem Nightclub.

Das Perfekte daran ist: In einer solchen Schlange steht man schon mal ziemlich lange und die Frau kann bzw. wird nicht weglaufen. Also hast du ein ganz schön großes Zeitfenster. Und die Frauen sind im Kopf schon auf Party und Spaß, etc. eingestellt, außerdem ist es in der Schlange immer nicht so laut wie im Club selbst.

Du stehst also in einer Schlange vor der Disco und vor dir oder hinter dir stehen Frauen. Aber am besten wäre hinter dir, weil sie schon zu dir gedreht sind. Wenn sie vor dir stehen und sie sind nicht besonders daran interessiert, mit dir zu reden, drehen sie dir den Rücken zu.

Aber auch wenn du absoluten Blödsinn erzählst, sie steht hinter dir, sie werden sich nicht umdrehen. Sonst werden sie von allen komisch angeschaut.

Es sind immer Gruppen, oder 2er Sets.

PUA zum Set: „Ausweise bitte…“ Es ist nur ein lustiger Opener.
Set: „Bla, bla…ha ha…“
PUA: “Wisst ihr Mädels, wir stehen hier in der Schlange, obwohl im Club kein Mensch ist..”
Set: „Ja klar, die wollen nur Werbung machen, dass hier alle herkommen…“

PUA: „Das erinnert mich an meine Schulzeit, als ich klein war…“ jetzt machst du Pause.
HBs: „Wie jetzt? Als du klein warst bist du in Clubs gegangen?“

PUA: „Na was denkst du denn? Aber ganz im Ernst: Das Ganze hier erinnert mich an eine Story, als ich klein war und mit meiner ersten großen Liebe einen Bazar in meiner Schule organisiert habe. Kennst du das wenn du verliebt bist und planst mit deinem Freund irgendwelche Geschäftsideen?“

Das ist stark emotional, weil JEDE Frau schon an so etwas gedacht hat, aber bei 99% von ihnen ist dieser Traum geplatzt. Darüber sind sie enttäuscht. Aber du kommst so rüber, als ob es bei dir geklappt hat. Leute hören gerne erfolgreiche Stories.

HBs werden aufmerksam und sagen etwas, wenn du fertig bist.

PUA: „Na ja, aber dieser Bazar lief nicht gut.“ Das ist noch stärker emotional, weil hier es schon jede Frau kennt.

PUA: „Wir haben da Teddybärchen und Second-Hand Barbies verkauft. Das Geld sollte für Kinder in Afrika und für deren Ausbildung sein.“
Damit zeigst du, was für ein guter Mensch in dir steckt.
PUA: „Also hatte ich eine Idee: Ich habe meine ganze Klasse gerufen, dass sie sich in eine Schlange anstellen sollen, als ob sie was kaufen wollten. Dann kamen auch Schüler aus anderen Klassen und haben angefangen zu kaufen….Hey, wir haben an einem Tag 200 Mark gemacht!“ Es ist gut zu erwähnen, dass es Mark waren, es klingt realistischer.

PUA: „Und seit diesem Erfolg war ich dann für die Kinder von Afrika jedes Jahr zuständig. Ich helfe gerne kleinen Kindern.... Und was ist jetzt nach 20 Jahren passiert?

Mein Lehrer hat mich per Post angeschrieben, dass ich in zwei Monaten eine Klassenfahrt organisieren soll. Aber ich will nicht die typischen Sachen machen, wie alle anderen. Was würdet ihr Mädels vorschlagen, etwas echt Interessantes zu unternehmen?

Weißt du, mein Lehrer hat immer noch nach 20 Jahren eine sehr gute Meinung von mir, da ich immer alles hingekriegt habe, was ich wollte. Also was würdet ihr machen wenn ihr in meiner Situation wärt?“

Damit zeigst du in sehr kurzer Zeit deine Persönlichkeit. Und das wirkt sehr attraktiv auf Frauen. Du kriegst die Sachen immer hin, du hast ein großes Herz, etc.
Und sie werden anfangen dir Ratschläge zu geben. Weiter natürlich.

STORY: NETTE HB

Jeden zweiten Freitag vor den Workshops gab es in London einen so genannten Ansprechkurs, um die Ängste der Männer vorm Ansprechen der Frauen abzubauen.

Ich war erst seit ein paar Monaten in der Pick-Up Szene und in manchen Dingen noch nicht so locker. Wie zum Beispiel, dass auch manchmal gleich von Anfang an die hübschesten Frauen in Clubs richtig freundlich sein können und gerade die durchschnittlichen sehr zickig.

Wir waren gerade in einer Bar, als mir ein Student das beste Set des Clubs zeigte: eine HB 9,5 zusammen mit einem Pärchen. Das ist eines der einfachsten Sets überhaupt, weil die Frauen immer in einer gewissen Konkurrenz zueinander stehen.

Wenn eine einen Kerl hat mit dem sie sich beschäftigt, ist die andere an diesem Abend nicht nur gelangweilt, sondern will zeigen, dass sie sich auch einen Kerl holen kann. Deshalb senkt sie ihre Ansprüche. Da muss einfach nur ein Kerl kommen, der nett und normal zu sein scheint. Ein großartiges Game ist nicht notwendig.

In dieser Zeit war mein Wissen über Frauen noch nicht genug entwickelt und ich noch nicht richtig kalibriert, weshalb ich die Einfachheit der Situation nicht erkannt hatte.

Aber um den Studenten zu zeigen, dass man vorm Ansprechen keine Angst haben sollte bin ich rangegangen.
„Hey“ Die HB hat sich gleich mit einem großen Grinsen und offener Körpersprache komplett zu mir umgedreht. Sie war offensichtlich froh, dass sie endlich mal von einem Mann angesprochen wurde.

Das Pärchen hat sich weiter miteinander beschäftigt. Also war mein Target schon geöffnet. Aber ich habe dummerweise trotzdem meinen Opener gebracht:

„Ich habe für heute einen Vorsatz. Ich spreche nur mit den hübschesten Frauen im Club.“ Zu meiner Überraschung wirkte sie noch fröhlicher, sie sagte: „Oh, danke!“ Sie war schon 100% offen, ich hätte locker in natürliche Konversation überleiten können. Stattdessen habe ich meinen Opener zu Ende aufgesagt:

„Kennst du die Frau da hinter dir?“ Und habe mit dem Finger auf eine andere Frau gezeigt.“

Sie fand das gar nicht lustig und war ziemlich beleidigt. Sie langweilt sich so sehr, alle Männer schauen sie an und dann kommt endlich mal ein Mann und der erzählt so einen Mist.

Es ist wichtig die Reaktion der Frauen zu beobachten und im richtigen Moment in natürliche Konversation überzugehen. Frauen, unabhängig von ihrem Aussehen brauchen unterschiedlich viel Zeit, um dafür bereit zu sein.

Ein Gefühl, wann sie bereit sind, bekommt man nur durch Üben heraus. Generell musst du darauf vorbereitet sein, dass sie sich dir

entweder gleich beim ersten Wort zur Konversation öffnet oder es nie tun wird.
Ein paar Monate später, habe ich Pick-Up schon richtig beherrscht. Bei einem Speeddating habe ich ein 3 Minuten Gespräch gebraucht, um eine Frau über den Tisch hinweg zu küssen. Alle 19 restlichen Pärchen haben aufgehört sich zu unterhalten und haben nur noch zu uns rübergeschaut.

Anschließend bekamen wir einen riesigen Applaus. Da habe ich schon alle ihre Signale richtig erkannt und dementsprechend schnell eskaliert. Durch dieses Ereignis habe ich beim Speeddating die richtige entspannte und sexuelle Stimmung erzeugt, sodass viele der Männer (alle AFCs) die Frauen an diesem Abend Full-geclosed haben.

Erzähle Frauen nicht,
was sie hören wollen.
Sage Dinge, mit denen du
eskalieren kannst.

Du willst ihnen doch nichts
verkaufen, du willst sie
verführen.

Das ist der Grund warum die
besten Geschäftsmänner und
Verkäufer jede ältere Frau
haben können, aber mit
jüngeren können sie nicht
umgehen

Milan

Einige Situations-Opener

WENN SIE SICH IM SPIEGEL ANSCHAUT

„Hey, du sieht doch gar nicht so schlimm aus. Nein ehrlich, wenn du mich auf der Straße so ansprechen würdest, würde ich wahrscheinlich noch nicht einmal wegrennen."

AUGENKONTAKT

„Ich sehe, du bist sehr schüchtern. Mich nur so anzuschauen, ohne mich anzusprechen?"

IM SUPERMARKT

PUA: Hey, kannst du mir sagen, wo ich den Kopfsalat finden kann? Heute will ich einen speziellen Salat machen."

Damit zeigst du, dass du kochen kannst, das mögen Frauen. Auch wenn du nicht kochen kannst, du hast schon den „Koch-Schalter" bei ihr umgelegt. Wenn sie Männer mag, die kochen können, dann ist sie von dir angezogen. Und du hast nicht gelogen, ob du nun kochen kannst oder nicht.

HB: „Ich weiß es nicht. Ich arbeite hier nicht."
PUA: „Oh, das ist ja schon mal gut. Ich hatte mich schon fast erschrocken."

HB interessiert: „Warum?“
PUA leise: „Weil hier alle Angestellten unfreundlich und unattraktiv sind.“
HB lacht und wird automatisch freundlich.

PUA: „Aber du kannst mir bestimmt etwas Schönes verraten. Was kochst du gerne und was kann ich noch Gutes zu meinem Salat hinzufügen?“

Dann unterhältst du dich natürlich weiter mit ihr übers Kochen. Lass sie reden. Ich habe so gut wie keine Ahnung vom Kochen, trotzdem habe ich mit dem Opener nie eine Abfuhr bekommen. Sogar wenn die Frau bereits nach kurzem bemerkt hat, dass ich kaum einen blassen Schimmer davon habe.

HB: „Du kannst doch gar nicht kochen, oder?“
PUA: „Na ja, ich habe gestern eine Sendung gesehen und da haben sie einen Salat zubereitet. Der sah so lecker aus. Normalerweise hat meine Freundin immer gekocht, aber jetzt muss ich das alleine schaffen.“

Sie wird sich nun fragen, ob du immer noch eine Freundin hast, weil du nicht gesagt hast, ob du noch mit ihr zusammen bist oder nicht. Nebenbei hast du gezeigt, dass du dich im Leben auch ohne deine Freundin durchkämpfen kannst.

HB: „Und warum kocht deine Freundin nicht mehr?“
PUA: „Hm… das ist eine gute Frage.“ In diesem Moment baust du Spannung auf. Sie weiß es immer noch nicht.

HB überlegt: „Habt ihr euch getrennt, hat sie keine Lust mehr oder mag sie keinen Salat mehr?“
PUA: „Mensch sag mal, du musst Single sein. So gut kann das nur ein Single wissen. Alle drei Antworten waren richtig.“

HB lacht. Wenn sie sagt - „Ja, bin ich.“ –ist sie schon von dir angezogen und du kannst ohne Umwege zum Date oder N-Close kommen. Und zwar so:

PUA: „Weißt du was, ich will in nächster Zeit kein Date haben, aber wir werden zusammen etwas Schönes kochen. Hier ist mein Handy.“ Du gibst ihr dein Handy und sie tippt ihre Nummer ein. Weiter geht es im N-Close Kapitel.

HB IN EINER FARBE GEKLEIDET

"Lass mich raten, das ist deine Lieblingsfarbe!"

HB MIT VIELEN EINKAUFSTÜTEN

"Du musst aber Hunger haben! Wer soll das denn alles essen?"

KOMPLIMENT OPENER

Du machst einer Frau ein Kompliment und fragst anschließend genauer nach.
PUA: „Die Farben passen gut zusammen. Wer hat dir damit geholfen, das so auszuwählen?"
Oder: "Ist dir schon mal aufgefallen, dass hübsche und intelligente Frauen auf solche Details achten? Woran liegt das?"

HB MIT VIELEN TÜTEN VON EINEM LADEN

"Der Laden ist jetzt wohl leer!"

HB MIT TATOO ODER HALSKETTE (ODER OHRRING)

PUA: „Tatoos oder eine Halskette sind Dinge, die für Frauen oft eine emotionale Bedeutung haben. Wenn sie sich Tatoos machen lassen, ist es das Motiv. Wenn sie eine Halskette tragen, ist das ein Geschenk von Menschen, die ihr wichtig sind oder eine ganz bestimmte, persönliche Geschichte ist damit verbunden. Was für eine Story steckt hinter dieser Kette?"
So baust du gleich eine emotionale Bindung zu ihr auf.

HB MIT SCHICKEN SCHUHEN

PUA: "Wusstest du, dass ein guter Geschmack bei Schuhen auch auf einen guten Geschmack bei der Unterwäsche hindeutet? Ich will natürlich nicht wissen, wie deine Unterwäsche aussieht, aber die Schuhe sind schon geil. Wer hat dir geholfen, die auszuwählen?"

Wie du deinen eigenen Opener entwirfst

Bevor ich die Pick-Up Community im Sommer 2006 entdeckt habe, habe ich meine eigenen Opener benutzt. Wie z.B.:

Milan: „Hey Mädels, stehen Frauen wirklich auf diese bildhübschen Männer, diese Models aus Magazinen, TV, usw.?“ Set startet die Konversation.

Ich habe damit niemals eine Abfuhr bekommen, weil ich die Antwort wirklich wissen wollte.

Kein Opener wird dir helfen, wenn du die Antwort nicht wirklich wissen willst. Das ist das größte Problem von vielen Männern beim Opener. Sie suchen nach einem Opener, der ihnen gefällt. Das ist falsch.

Du musst einen Opener suchen, den die Frauen gut finden. Ansonsten wäre das ein wenig so, als ob du die Frauen fragst, wie sie den letzten Bundesliga-Spieltag fanden. Was denkst du, wie weit du damit kommst?

Frauen denken emotional, für sie sind ganz andere Probleme wichtig als für Männer. Entsprechend musst du auch deinen Opener entwerfen. Bedenke dabei: In Wirklichkeit sind nicht die

Opener wichtig, sondern die Antwort und die Reaktionen der Frauen.

Bei jedem Opener, jedes Mal wenn du eine Frau ansprichst, musst du dein eigenes Ziel vor Augen haben. Du wirst schnell wissen, wann und wie weit du eskalieren kannst.

Du kalibrierst dich, um ein Pick-Up Artist zu werden – ein Mann, der den natürlichen Umgang mit Frauen spielend beherrscht.

Wo kannst du noch weitere gute Opener und Anregungen finden?

In ***Frauenmagazinen***. Sie schreiben fast immer das gleiche, und der Inhalt aller Magazine variiert nur minimal. Ansonsten würden sie sich aber auch nicht verkaufen. Der gleiche Trend, die gleichen Probleme usw.

Dein Vorteil: Die Redakteure der Magazine haben deine Arbeit schon gemacht, weil sie recherchiert und herausgefunden haben, was heutzutage die Frauen interessiert. Wenn du nur ein wenig zwischen den Zeilen liest, findest du genug Stoff für eine ganze Fülle unterschiedlichster Opener.

Am besten eignen sich die Charakter-Tests in den Magazinen. Da findest du sogar gleich Fragen, die du im Opener verwenden kannst. Besser geht es gar nicht!

Ich will, dass du es
auch einmal erlebst,
was für ein unbeschreibliches
Gefühl es ist, eine Bar
zu betreten und zu wissen,
dass du nicht der hübscheste
Mann bist, aber jede Frau
verführen kannst.

Milan

Vom Opener zu natürlicher Konversation

Viele Männer haben in der Überleitung vom Opener zu natürlicher Konversation ihren Sticking Point. Den Punkt an dem sie scheitern und im Gespräch nicht weiterkommen. „Wie komme ich von einem Opener zur normalen Konversation?“.

In vielen Openern habe ich dir schon Beispiele genannt, die du verwenden kannst.
Wenn du bis hier gelesen hast, aber immer noch nicht weißt, wie du die Überleitung vom Opener hinbekommst, dann schau dir noch einmal genau das Kapitel Theorie der Opener an. Und zwar besonders den Punkt 3: Nach der persönlichen Motivation suchen, über die du dich mit ihr verbinden kannst.

Der Sticking Point bei den meisten Männern liegt vor allem darin begründet, dass sie nicht richtig zuhören. Sie wollen nur den Opener aufsagen und die Frau zum Lächeln bringen.

Das ist ein schönes Ziel, aber es kostet einfach zu viel Energie und oftmals ist es auch absolut unnötig. Die Frau muss nicht lachen, du brauchst nicht versuchen lustig zu sein, Witze und andere Geschichten zu erzählen, du musst nicht herumspringen, wie ein Affe.

Die Frau muss dich interessant finden, sie muss von dir angezogen sein. Jede Frau will etwas Besonderes. Was das ist, bekommst du nur heraus, wenn sie es dir sagt und du ihr auch zuhörst. Bei jedem Opener musst du sie zum Erzählen bringen. Meinungsopener sind nicht nur dazu gut, dass du Zeit gewinnst, sie eignen sich auch perfekt, um viel über die Frau zu erfahren. Wenn du nach ihrer Meinung fragst, werden dir die Frauen erzählen, was gerade in ihrem Kopf abgeht.

Deshalb lass sie erzählen. Je mehr sie erzählt, desto mehr Informationen hast du. Menschen haben einen bestimmten Gedanken im Kopf, wenn sie etwas in der Konversation sagen. Das Wort und die Darstellung sind für sie interessant. Wenn die Frau erzählt, achte auf interessante und ungewöhnliche Dinge, die sie sagt und merke sie dir. Wenn sie fertig ist, frag sie nach diesen Dingen.

Beispiel: PUA schon in Konversation: „Ich kenne mich gut mit Computern aus, ich kann dir deinen Laptop heute noch reparieren."
HB: „Heute passt nicht, ich gehe mit meinen Freundinnen in eine Bar etwas essen und dann muss ich lernen."

Ein AFC wird versuchen herauszufinden, wie er den PC reparieren kann und denkt, sie bewundert seine IT Fähigkeiten. Aber damit hat er es versaut.
Ein PUA hat schon vier Worte (persönliche Motivationen) gespeichert: Freunde, Bar, Essen, Lernen.

Er wählt nun das aus, das am ungewöhnlichsten ist. Zum Beispiel, das was für sie ein Problem oder eine Herausforderung ist. Also das Lernen.
PUA: „OK, kein Problem. Wofür lernst du eigentlich?"
Volltreffer. Die HB fängt ohne Ende an zu erzählen. In jedem Satz kannst du zwei, drei weitere Worte finden und speichern. Während der AFC schon längst alleine nach Hause gegangen ist, wird der PUA von der HB zum Essen mit ihren Freundinnen eingeladen.

Männer hören nicht zu. Damit fehlt ihnen die Basis, um eine natürliche Konversation aufzubauen.

Wenn Männer mit hübschen Frauen sprechen, werden sie nur auf den Opener und nicht auf die Frau konzentriert sein. Wenn die Frau dann beginnt, etwas Privates zu erzählen, werden die Männer nicht zuhören und unbedingt den Opener bis zum Ende bringen wollen, obwohl die Frau mit ihren Gedanken schon ganz wo anders ist. Damit verpassen sie den Beginn der natürlichen Konversation.

Wie kann man das vermeiden? Es gibt eine Übung, die ich auch gemacht habe: Wenn du mit jemandem sprichst, konzentriere dich darauf, dass er mehr redet als du. Versuche viele Informationen von ihm zu bekommen und nachher im Kopf zu wiederholen.

Nach gewisser Zeit merkst du, dass du mit jedem eine stundenlange Konversation entwickeln kannst und es wird nie zu einer Situation kommen, in der du darüber nachdenkst, was du jetzt sagen sollst.

Du wirst eine ganze Menge Dinge in deinem Kopf gespeichert haben, die dein Gegenüber interessieren.

Aber trotzdem passiert es manchmal, dass eine Konversation ins Stocken kommt. Sie hat nichts zu sagen und du hast auch nichts zu sagen.

Die Antwort ist: Sag weniger! In diesen Fall sagst du gar nichts. Und du hörst auf, dich zu bewegen. Wie eine Statue, die der Frau mit starrem [starkem] Gesicht in die Augen schaut.

Du wirst auf diese Weise ein sogenanntes ***Sprachvakuum*** erzeugen. Die dominantere Persönlichkeit bleibt stumm - die schwächere fängt an, zu erzählen.

Dieser Trick wird öfters bei Vorstellungsgesprächen in Firmen benutzt, so dass der Kandidat von sich erzählt. Dabei bekommt man als Chef mehr Informationen, als wenn man fragen würde.

Das habe ich in den USA von einem Manager einer großen bekannten Firma rausbekommen, der seinen Job schon über 25 Jahre macht.

Als er mir davon erzählt hat, habe ich nur gedacht: „Wow, das ist aber ein geiles Pick-Up Tool."

Seit dem benutze ich das in jeder Situation, wenn ich oder die Frau nichts zu sagen hat. Funktioniert einwandfrei.

STORY: OLD MAN IN NEW YORK

Es ist 22:00 Uhr und ich mache ein paar Fotos am Times Square. Ich wollte eigentlich meinen Kumpel treffen, der hier in New York studiert und den ich schon seit Jahren nicht gesehen habe.

Ich hole mir einen Hamburger und laufe durch einen Park, der um die Ecke liegt. Dort spielen alte Männer Schach - also spreche ich sie an, ob ich mitspielen kann.

Da fällt mir auf, Mensch, es ist doch 22:00 mitten in der Woche und die Leute verhalten sich, als wenn es tagsüber wäre. Es war eine echt schöne Atmosphäre. Diese Stadt schläft wirklich nicht, wie schon Frank Sinatra sang.

Also fange ich an, mit einem alten Mann eine Partie zu spielen. Ich glaube es war sogar ein Obdachloser. Er hat kein Wort gesagt. Eigentlich hat mich das Spiel nicht wirklich interessiert.

Mein Vater ist ein großer Schachfan und hat mir dieses Spiel beigebracht, als ich drei Jahre alt war, weil er mit mir spielen wollte. Mit 5 habe ich ihn schon besiegt und bis 16 habe ich auch ein paar Turniere gewonnen. Später habe ich damit aufgehört.

Also habe ich mir zugetraut, diesen alten Mann locker zu besiegen.

Ich habe meinen fetten Burger gegessen und eine „Fatboy“ Coke getrunken. Nach ein paar Zügen war alles schon vorbei. Der Mann lacht mit einem durchrauchtem Alkohol-Lachen und sagt: „Schachmatt…"

Und er sagt: „Weißt du was: Früher war ich sehr arrogant und eingebildet, aber heute bin ich schon perfekt." Und lacht mich weiter aus.

Ich schlucke ruhig meine Cola runter, bis ich sprechen kann und nach ein paar Sekunden sag ich: „Es geht mir genauso. Schau mal: Ich mag die USA. Niemand kennt mich hier, ich kenne keinen, also bin ich ein Nobody und gestern hab ich irgendwo gelesen: Nobody is Perfect".

Der Typ hat noch mehr gelacht.

Ich habe nur gesagt: „Enjoy the evening" und bin weggegangen. Ich habe noch von weitem sein durchrauchtes Lachen gehört.

Pick-Up ist nicht nur Frauen verführen. Es ist ein Lifestyle, alle zu Freunden zu machen und immer den besten, ehrlichen Eindruck zu hinterlassen.

Von natürlicher Konversation zum N-Close

Der größte Fehler, den viele Männer machen, ist sich nur auf die Nummer zu versteifen und nicht die Frau wiedersehen zu wollen. Eine Telefonnummer sind nur ein paar Zahlen. Sie alleine bringt dir nichts.

Ein N-Close muss aus der natürlichen Konversation heraus kommen. Das dauert schon mal 20 Minuten. Die HB muss das Gefühl haben, dass sie dich kennt und dir vertrauen kann. Tatsächlich muss sie dich nicht wirklich kennen. Sie muss nur das Gefühl haben.

Bei natürlicher Konversation suchst du nach ihrer persönlichen Motivation. Aber wenn du zum Close kommen willst, musst du noch weiter gehen und nach einer gemeinsamen Motivation suchen.

Wenn sie Kunst mag, lade sie in eine Kunstgalerie ein. Wenn sie gerne mit Freunden in einer Bar sitzt, sag dass du eine coole Cocktailbar kennst, wo du dir deinen eigenen Cocktail mischen und dir einen Namen für ihn ausdenken kannst.

Wenn sie gerne Inlineskaten geht oder es gerne machen würde, lade sie auf eine Tour ein. Suche immer nach irgendwelchen

Aktivitäten, an denen sie interessiert ist und die ihr gemeinsam machen könnt.

Wenn du schon über 15-Min Zeit mit ihr verbracht hast und die Konversation echt gut läuft:

PUA: „Hey, ich muss leider los, ich habe ein Meeting. Es hat Spaß gemacht, sich mit dir zu unterhalten. Weißt du was? Ich würde dich gerne wieder sehen, aber ich mache keine Dates. Dates sind so langweilig. Ich bin ein vielbeschäftigter Mensch, aber wir leben doch nur einmal, nicht wahr? In Berlin ist jetzt ein Sandmuseum. Ist echt cool. Das musst du sehen. Ich habe Fotos im Internet gesehen. Da kann man auch gute Cocktails trinken und relaxen."

HB: „Sandmuseum. Klingt interessant. Ja klar."
PUA:

„Wie kann ich mit dir in Kontakt bleiben?"

Sie wird dir ihre Nummer geben, weil die Konversation vorher locker und interessant für sie war.

Aber was, wenn du keine gemeinsamen Interessen findest? Kannst du trotzdem ihre Nummer bekommen? Ja, lies die nächsten Seiten, dann gehst du auf Nummer sicher.

N-CLOSE LOGISTIK

Du musst dich auf einen N-Close vorbereiten. Schreibe dir Tätigkeiten auf, die dich wirklich interessieren und finde im Internet heraus, wo und wann du sie mit einer Frau machen kannst.

z.B.: Inline Skating, eine neue Ausstellung, ein guter Film im Kino etc.

Wenn du dann mit einer Frau sprichst, erwähnst du ab und zu beiläufig, was du vorhast und in den nächsten paar Tagen machen willst. Du wirst interessant und aktiv wirken und sie wird sich das merken, weil du somit eine Bereicherung für ihr Leben darstellst.
Ich garantiere dir, wenn du wirklich drei, vier interessante Sachen in der Konversation vorschlägst, wird sie auf mindestens eine anspringen, die sie gerne mitmachen würde. Du musst es aber so sagen, als wenn du sowieso hingehst. Sie kann aber mitkommen, wenn sie möchte.

PUA in Konversation: „Ich gehe ab und zu in eine Galerie - ich mag Kunst. Nächste Woche gehe ich in die (du sagst den Namen) Ausstellung."

HB hookt: „Echt, das muss interessant sein."
PUA: „Willst du mitkommen?"
HB: „Ja klar."

PUA: „Aber nur unter einer Bedingung. Du musst dich benehmen (lustig sagen)." N-Close.

FORTGESCHRITTENE N-CLOSE LOGISTIK

Viele Männer denken, dass nach einer guten Konversation mit einer Frau ein N-Close absolut easy ist, stehen aber hinterher – trotz einer vermeintlich tollen Konversation – vor einem Problem: Die Frau meldet sich nicht oder antwortet mit „Ich habe keine Zeit“ , geht überhaupt nicht ans Telefon, beantwortet deine SMS sehr kurz und uninteressiert oder gar nicht.

Warum? Werfen wir einen Blick auf einen typischen AFC N-Close:

Der Mann spricht mit der Frau und sagt dann absolut unkalibriert zu ihr: „Okay, ich muss los, gib mir deine Nummer.“

Die Frau macht es manchmal, manchmal aber auch nicht. Aber auch wenn schon, der AFC freut sich und das kann man auch erkennen. Die Frau merkt, dass er sich wie ein Kind an Weihnachten freut und die ganze vorherige Konversation geht in die Hose.

Der Mann ist später frustriert und ruft ständig an, aber versteht nicht, warum die Frau ihn ignoriert…

Ich weiß es, weil ich es Hunderte Male erlebt habe.

Hier mein MPUA N-Close von heute:

Du hast eine schöne Unterhaltung und entscheidest dich auf den N-Close zu gehen. Du ziehst während des Gespräches dein Handy raus und schaust wie spät es ist. Dabei musst du oder sie reden.

PUA: „Hm… es ist schon 19:00 Uhr (oder wie auch immer), ich muss schon los, da ich noch ein Meeting habe.“

Du hältst dein Handy sichtbar in der Hand.

PUA: „Aber hey, ich muss sagen: Es war echt eine tolle Unterhaltung mit dir. Hat Spaß gemacht.“

Hier drehst du dich im 90 Grad-Winkel zur HB, als ob du schon gehen willst, aber dein Kopf ist ihr immer noch zugewandt . Bei der Verabschiedung schüttelst du ganz leicht ihre Hand und stellst dich kurz vor, sofern du das bis jetzt noch nicht gemacht hast. Denk dran: Wenn du ihre Hand schüttelst, mach es mit sanftem Druck. Sie ist eine Frau, kein Mitarbeiter auf der Baustelle (schau meine Videos auf YouTube oder MasterPickUpArtist.de).

Sie wird lächeln und wird sich ebenfalls vorstellen.

Dann drehst du dich schon um 135 Grad von ihr weg und zeigst ihr mit deiner Körpersprache, dass du im Begriff bist aufzubrechen.

Hier kommt die Denkweise der Frau (es passiert in Bruchteilen einer Sekunde):

Wenn du das Handy ziehst, ist sie 100% davon überzeugt, dass du sie nach ihrer Telefonnummer fragen wirst, also hat sie das Gefühl, dass sie gewonnen hat.

Dann zeigst du mit deiner Körpersprache, dass du die Frau toll findest, aber nicht so toll, dass du sie wieder treffen willst. Wenn sie sich auch umdreht und weggehen will, hat sie aufgegeben und die erste Frage, die sie sich stellt, ist: „Bin ich nicht attraktiv genug, bin ich nicht hübsch genug, bin ich nicht interessant genug, etc.??? Warum wollte er mich nicht mehr treffen?“

Aus der Psychologie wissen wir: Die Leute wollen vor allem immer die Sachen, die sie schnell wieder verlieren könnten. Du hast ihr mit dem Handy gezeigt, dass sie dich schon hat. Und dann zeigst du, dass sie dich verlieren wird – langsames Umdrehen deiner Körpersprache.

Wenn sie schon anfängt wegzugehen – hat sie schon aufgegeben und du hast ihr Ego geschwächt, hier ist der richtige Moment, sich umzudrehen und zu fragen:

PUA: „Hey, wie kann ich mit dir in Kontakt bleiben?“ Du hast das Handy in der Hand. Du wartest nicht auf die Antwort. Es könnten wieder nur dumme Spielchen kommen und sie kann sagen „Gib mir deine Nummer, etc…“

Hier gibst du dein Handy in Ihre Hand, sodass sie dir ihre Nummer einspeichert.
Hier pass jetzt auf, du hast noch nicht gewonnen:

In diesen Moment checkt die Frau deine Persönlichkeit noch einmal, um sicher zu gehen, ob du wirklich der Typ bist mit dem sie ausgehen will, dem sie vertrauen kann.

Sie macht das blitzschnell - so schnell, dass du es noch nicht einmal merkst – es ist eine automatische emotionale Reaktion. Dabei spielt dein Aussehen schon 100% keine Rolle mehr, es geht nur um reine Körpersprache.

Was machen hier die AFCs:
In diesen Moment schauen viele Männer die Frau an, mit großem Kasperlächeln und freuen sich wie ein Honigkuchenpferd:
„Wow, es hat alles funktioniert, ich habe echt die Nummer bekommen – geil."

Aber die Frauen merkt das und es ist auf der Stelle vorbei… und du fragst dich warum sie nicht ans Telefon geht. Ärgerlich oder?

Wie man es richtig macht:

Wenn die Frau die Nummer aufschreibt, muss du einen Schritt weggehen (Komfortzone vergrößern) und deinen Kopf wegdrehen, als ob du irgendwohin schaust, aber nicht auf den Boden.

SCHNELLER N-CLOSE

Ich muss dich warnen, einen schnellen N-Close zu machen. Oftmals bekommst du falsche Nummern, die Frauen gehen nicht ans Telefon oder sagen, sie haben keine Zeit (was gelogen ist).

Vor ein paar Jahren habe ich durch Zuhören auf einer Zugfahrt von zwei recht attraktiven Frauen gelernt, warum die Frauen sich so benehmen.

HB1: „…gestern hat mich ein Mann angesprochen. Er will mit mir einen Kaffee trinken gehen. Er war so lustig, also gehen wir heut Abend aus.“
HB2: „Echt, was hat er erzählt?“
HB1: „Hm. Nicht viel. Wir haben uns ungefähr zwei, drei Minuten unterhalten.“
HB2 laut: „Was? Zwei Minuten? Bist du bescheuert? Du sprichst zwei Minuten mit einem Mann und gehst dann mit ihm aus? Er kann ein Serienkiller sein, ein Freak…“
HB1: „Hm, stimmt.“
HB2: „Du darfst nicht mit ihm ausgehen. Es ist zu gefährlich.“
HB1: „Du hast recht. Wenn er anruft, sage ich ihm ich habe keine Zeit.“

So enden 99,9% der schnellen N-Closes. Vielleicht haben diese Frauen gerade über dich gesprochen und du fragst dich, warum sie nicht ans Telefon geht. Ihr habt Spaß gehabt und sie hat dir ihre Nummer gegeben – nach 2 Minuten.

Frauen besprechen immer alles mit ihrer Freundin, bevor sie auf ein Date gehen. Schau einfach mal die Serie „Sex and the City“.

Doch was passiert, wenn du mit ihr ein langes Gespräch hattest und vorgeschlagen hast, dass ihr ins Sandmuseum geht? Das Gespräch mit ihrer Freundin wird in etwa wie folgt verlaufen.

HB1: „…gestern hat mich ein kleiner Mann angesprochen und will mit mir ins Sandmuseum gehen. Er hat mir viel darüber erzählt. Wir wollen da heute hingehen.“
HB2: „Echt, Sandmuseum? Cool, darüber habe ich auch schon viel gehört, soll echt schön sein. Dann viel Spaß.“

Und den wünsche ich auch Dir. ;-)

2-MIN N-CLOSE

Manchmal muss man aber tatsächlich einen zwei Minuten N-Close machen, obwohl die Konversation echt gut ist. Dann kann es vorkommen, dass sie dir ihre Nummer nach zwei Minuten nicht geben will.

Ich habe diese drei kurzen N-Closes getestet und damit nur bei <HB7 Erfolg gehabt. Bei hübschen Frauen funktioniert es unter Umständen, aber rein zufällig. Du kriegst zwar auch von der HB10 die Nummer, aber du siehst sie aller Wahrscheinlichkeit nach nie wieder. Also sei dir bewusst: nur <HB7.

N-Close No.1

PUA nach 2 Min. Konversation: „Hey, hast du Strom zu Hause?“
HB: „Ja klar.“
PUA: „Und hast du Internet?“
HB: „Natürlich.“
PUA: „Dann hast du auch eine E-Mail-Adresse.“
HB: „Ja, die habe ich.“

Du hast jetzt 3-mal von der HB ein „JA“ auf deine Frage bekommen. Du gibst ihr nun einen Zettel und Stift und sagst:

PUA: „Dann schreib mir deine E-Mail-Adresse auf. Ich veranstalte ab und zu Partys mit Freunden. Ich schreib dir dann eine E-Mail, wenn die nächste Party ist. Du kannst auch deine Freundinnen mitbringen.“

HB schreibt E-Mail auf. Während sie die E-Mail aufschreibt, sagst du.
PUA: „Du kannst auch gleich deine Nummer dazuschreiben, das sieht besser auf dem Zettel aus.“

Du hast einen Befehl ausgesprochen und auch einen Grund dafür genannt.

Wenn sie die Nummer aufschreibt, baust du noch ein bisschen Komfort auf:
PUA: „Aber ich schreibe dir eher eine E-Mail, als dass ich dich anrufe, ich bin ziemlich beschäftigt. Ist das OK?“
HB: „Ja, das ist absolut OK.“

N-Close No.2

PUA: „Hey, ich muss leider schon gehen, aber ich würde dich gern wiedersehen, vielleicht auf einen Kaffee." Du ziehst dein Handy aus der Tasche und machst dich bereit, als wenn du ihre Nummer eintippen willst. In Wirklichkeit schaltest du in dieser Zeit das Mikrofon deines Telefons an.

PUA: „Ach nein, wir haben nur so kurz gesprochen - wir kennen uns doch gar nicht. Pass auf, glaubst du an Schicksal?
HB: „Manchmal."

PUA: Also pass auf. Wir müssen uns auf unser Schicksal verlassen, weil wir uns nicht wirklich kennen, vielleicht bist du sehr lustig, vielleicht aber auch langweilig. Du sagst mir deine Nummer jetzt einmal und wenn ich sie mir merke und ich rufe dich in 2 Tagen an, dann ist das Schicksal und wir gehen zusammen etwas trinken."

HB: „01xx/xxxxxxx"
Du hast schön das ganze Gespräch aufgenommen.
PUA: „OK, nett dich kennen gelernt zu haben, ich muss jetzt los.

N-Close No.3

Diesen N-Close hat bisher kein PUA außer mir getestet. Hierfür brauchst du ein durchschnittliches Zahlengedächtnis. Der Close ähnelt N-Close No. 2. Viele Leute denken, es ist schwer sich eine acht- oder neunstellige Telefonnummer zu merken.

Es gibt da aber einen einfachen Trick. Ich habe kein besonders gutes Gedächtnis und habe nach Jahren immer noch manchmal Probleme mit der deutschen Sprache, aber ich kann mir immerhin die Telefonnummern von meinen wichtigsten Ex-Freundinnen und von meinen Kumpels merken.

Hier kommt der Trick, wie du dir die Nummer der HB ohne Aufschreiben merken kannst.

Während dir die HB ihre Nummer diktiert, musst du dir deine Tastatur auf dem Handy vorstellen. Stelle dir vor, dass du mit deinem Finger auf der Tastatur die Nummer eintippst. Wichtig dabei ist nur zu wissen, wo die 1, 4, 7 und wo die 0 liegt. Die Frau muss manchmal zur Sicherheit noch mal die Nummer wiederholen. Ein guter Vorteil dabei ist, dass sie nicht lügen kann. Keiner kann sich eine neunstellige Nummer ausdenken und wiederholen.

Mit diesem N-Close habe ich viele Frauen beim anschließenden Treffen sehr beeindruckt. Zusätzlich ist es ein absolut perfekter N-Close für Situationen, in denen die Frauen ihre Nummer nicht weitergeben dürfen, wie auf einer Modenschau, einer Messe oder in einer Stripteasebar. Typische Berufsbilder sind hier Kellnerinnen, Promoterinnen aber auch Verkäuferinnen oder Frauen, die hinter dem Schalter arbeiten.

Ich habe damit sogar eine Frau hinter dem Schalter am Stansted-Flughafen in London beim Check-In geclosed, während hinter mir eine lange Schlange mit nervösen Leuten war.
Jeder Master PUA sollte diese Technik beherrschen.

DIE RICHTIGE NUMMER GLEICH TESTEN

Diese Routine kommt von einer echten Story.

Wenn du schon die Nummer in deinem Handy hast und bist nicht sicher, ob das die richtige Nummer ist, sagst du:
PUA: „Hey, ich klingele kurz an, dass du auch meine Nummer hast. Und ich hätte gerne, dass du die Nummer unter meinem Namen speicherst.

Von meiner Ex weiß ich, dass die hübschesten und intelligentesten Frauen nie ran gehen, wenn sie nur die Nummer ohne Namen sehen."

Das ist ein kleines Kompliment, also wird sie das machen, weil sie sonst nicht hübsch und intelligent ist. Und du bist 100-prozentig sicher, dass du die richtige Nummer hast.

Post N-Close

Nach dem N-Close freuen sich viele Männer über den Erfolg, stecken das Handy in die Tasche und gehen erhobenen Hauptes los wie ein echter Möchte-Gern-Frauenchecker.

Dabei fühlt sich die Frau absolut ausgetrickst und du verlierst schlagartig deinen Wert. Und das ist natürlich ärgerlich, wenn du mit einer Frau eine gute Konversation hattest und einen soliden N-Close, aber trotzdem will die Frau dich nicht mehr sehen und kommt immer mit Ausreden, wie keine Zeit etc. Das passiert gerade wegen diesen letzten paar Sekunden beim N-Close.

Wenn du die Nummer hast, kommt eine Spannung bei der Frau auf (auch bei dir). Du hast das Gefühl, du musst was sagen… aber weißt nicht was. Diese Spannung musst du auflösen.

Du wiederholst die persönliche Motivation der Frau, was ihr zusammen machen wollt, was ihr vorher besprochen habt.

PUA: „Cool, dann melde ich mich und wir schauen uns diese oder jene Ausstellung bzw. diese oder jene Bar an."

HB: „Ja klar, das wäre super."

PUA: „Okay, ich muss jetzt leider echt los, (Pause) Ach so, noch eine letzte Frage: Ich sehe du hast sehr schöne Schuhe. Wenn du dich für Mode interessierst: Wüsstest du, wo die ersten Stöckel-Schuhe getragen wurden? Ich habe das letztens im Fernsehen gesehen und es war interessant, weil heutzutage alle hübschen Frauen diese Schuhe tragen, aber keine die Geschichte kennt.

Sie weiß es natürlich auch nicht.

PUA: „Na ja, dann melde ich mich später".

Es muss nicht diese Frage sein. Vor ein paar Jahren war das meine erste Frage beim Close, weil ich damit der Frau unterschwellig klar machen wollte: „Baby, wenn du mit mir auf ein Date gehen willst, dann solltest du definitiv geile Schuhe tragen. Turnschuhe kannst du dir für AFCs aufsparen".

Ich mag Frauen mit High-Heels, weil es meistens selbstbewusste und gutaussehende Frauen sind.

Und du verabschiedest dich, Küsschen links und rechts, oder !!!LEICHTES!!! Händeschütteln und gehst dann deines Weges.

Wo ist hier der Trick? Sie weiß natürlich die Antwort nicht. Aber sie macht sich Gedanken darüber: Verdammt, warum weiß ich das nicht?

Jetzt: Wie du überall lesen und hören kannst, solltest du die Frau nach 2-3 Tagen kontaktieren, sodass du nicht so „needy" aussiehst.

Aber die hübschesten Frauen haben echt viele Möglichkeiten auszugehen, immer was zu tun, also volles Programm. So würde sie dich höchstwahrscheinlich vergessen und mit noch höherer Wahrscheinlichkeit die Emotionen und Attraktion in deine Richtung verlieren.

Also meldest du dich bei der Frau via SMS nach 10 Minuten… ja genau nach 10 Minuten.

Und schickst ihr diese Antwort.

PUA – SMS: Hey Melanie, ich weiß es, es war im 16. Jahrhundert und galt als Zeichen von Eleganz und Sinnlichkeit. Bis bald, wir sehen uns.

Sie würde gleich antworten und versuchen zu zeigen, dass sie das natürlich wusste aber sich nicht erinnern könne. Und dabei gleich einem Date zusagen, oder einen anderen Vorschlag machen. Diese Routine ist einfach der Hammer und ich wollte sie eigentlich in meinem zweiten Buch „Master dein Komfort“ schreiben, aber es gehört doch hier hinein.

Bei der ganzen Sache ist aber noch ein anderer Grund wichtig: Der ganze Trick dabei ist, dass du damit eine sogenannte „***Kommunikations-Brücke***“ erzeugst.

Was denkst du, wer mehr Chancen auf ein Date mit dieser Frau hat? Der, der ihr eine verklemmte SMS nach 2-3 Tagen nach dem Motto schickt: Hey lass uns mal Kaffee trinken gehen?

Oder ein PUA, der schon bis zum dritten Tag vier bis fünf lustige SMS mit der Frau ausgetauscht hat und die Frau das Gefühl bekommt, dass sie ihn schon kennt.

Beim SMS-Game muss man sehr vorsichtig sein. Versucht am besten gar nicht Cocky&Funny (frech und witzig) zu sein. SMS oder generell geschriebener Text werden NIE die richtigen Emotionen rüberbringen können, weil so etwas nur mit der richtigen Mimik, Gestik, Stimme und Tonfall real und kongruent transportiert werden kann. Bei einer SMS bleibst du absolut normal, sachlich und öfter auch mal kalt.

Das gilt natürlich NUR zwischen dem N-Close und dem Day 2 (erstes Date). Weil in diesem Zeitraum wird dich die Frau mit ihren Freundinnen analysieren. Und es können auch manche Witze schlecht rübergekommen sein. Besser und deutlich gesagt: Ihre Freundinnen werden alle Unklarheiten als negativ bewerten.
Nach dem ersten Date, oder sogar nach dem Sex, kannst du fast jede SMS schicken.

Hier kannst du auch andere Fragen stellen, die sich aus Gesprächen ergeben. Sogar die, die du nicht selbst beantworten kannst. Du musst aber dabei Internet in deinem Handy haben und „google it“. Schon heute haben es viele Leute und in Zukunft wird es jeder haben. Genauso wie vor ein paar Jahren ein Handy als solches etwas besonders war, heute kenne ich keinen der keins hat.

Übrigens mich kostet Internet fürs Handy 6 Euro/monatlich zusätzlich zu meinem Vertrag. Also keine große Sache.

Vergiss die Schmerzen, die du
durch Frauen erlebt hast.
Vergiss dein bisheriges Leben
bezüglich Frauen.
Sei froh, dass du jetzt Pick-Up
entdeckt hast.
Es ist ein Geschenk für dein
Leben.

Milan

Einwände auf einen Opener behandeln

Als PUA musst du auf alles vorbereitet sein. Hier werden mögliche Fragen und Situationen beschrieben, die öfter vorkommen werden und dir wird gezeigt, wie du am besten reagieren solltest, um deine Erfolgsaussichten zu maximieren.

„VERPISS DICH"

Manchmal kannst du so etwas von Frauen hören, sogar wenn du nichts gesagt hast und die HB dich gar nicht kennt. Die Sache ist, dass sie schon 20 oder 30 Mal auf dieser Party von irgendwelchen Idioten/AFCs angesprochen wurde und einfach keine Lust mehr hat, mit Fremden eine Konversation anzufangen.

Zum Glück ist sie niemals alleine, sonst wäre sie schon längst nach Hause gegangen. Sie hat also noch ihre (oftmals nicht so attraktiven) Freundinnen. Sie sind deine Eintrittskarte ins Set.

Lass mich erklären, wie ich zu diesem Opener gekommen bin:
Nachdem ich während meiner Zeit in London in Sachen Pick-Up eine gewisse Professionalität erreicht hatte, wollte ich mir immer selbst beweisen, dass ich jedes Set in einer Bar öffnen und mit diesem auch ein erfolgreiches Gespräch führen kann.

Also habe ich meinem Wing 100 Pfund gegeben und ihm gesagt, dass ich die ganze Bar „killen“ werde (also jede HB anspreche) ohne eine Abfuhr zu bekommen. Sollte ich das nicht schaffen, dürfte mein Wing die 100 Pfund behalten. Im Gegenzug wollte ich von ihm kein Geld, sondern von ihm in einer anderen Bar das gleiche sehen.

Das hat unheimlich Spaß gemacht und ich erinnere mich, wie ich die ganze Bar abgearbeitet habe. Einmal hat mich sogar der Besitzer der Bar in den VIP-Bereich eingeladen. Ein anderes Mal hat mich eine HB gleich zum Essen eingeladen und wir sind um 2 Uhr morgens in Soho in ein schönes Restaurant eingekehrt.

Ich wurde fast immer von irgendwelchen Leuten auf Drinks eingeladen. Aber ich trinke keinen Alkohol oder nur sehr wenig und closen wollte ich damals auch nicht, weil ich eine Freundin hatte. Es war eine reine Spaßsache.

Eines Abends lief das Ganze wie folgt und zwar gleich im zweiten Set.
HB: „Verpiss dich.“
Das war ein Schock für mich. In Gedanken sah ich mich schon die 100 Pfund verlieren. Scheiß Tussi, sie will mir meine 100 Pfund versauen. Mein Wing hat schon hinter mir gelacht.

PUA laut zum Set: „Hey Mädels, habt ihr das gehört? Sie hat verpiss dich zu mir gesagt. Ich liebe diese Frau.“
Set: „Hm?“

PUA: „Ja, ich liebe sie dafür, dass sie ehrlich ist. Sie sagt mir, was sie denkt. Heutzutage lügen so viele Menschen, während sie mit einem Lächeln im Gesicht mit dir sprechen. Aber diese Frau. Sie ist absolut ehrlich.“
Set: „Ja, sie ist sehr ehrlich...“

PUA: „Mädels, wisst ihr was? Sie hat auch Recht. Ich sollte echt mal weitergehen. Eure Freundin hatte ja einen Grund, das zu sagen. Sie muss einen sechsten Sinn haben, weil sie eine wichtige Sache erkannt hat.“ Set gespannt.

PUA: „Weißt du, ich wette dich haben heute bestimmt viele Arschlöcher angesprochen, nicht wahr?“
HB hookt: „Mehr als genug.“

PUA: „Ich bin auch ein Arschloch, du brauchst keine Angst haben. Aber es kommt noch besser. Ich bin ein großes Arschloch mit einem kleinen Penis.“

Damit war das Set geöffnet. Sie haben gelacht und ich habe in den Beste-Freunde-Opener übergeleitet.

„ICH HABE KEINE ZEIT, ICH MUSS LOS“

Leider kannst du hier nicht viel machen, weil du kein Interesse wecken konntest.

Wenn sie wirklich weiter muss, kannst du Cold Reading machen und schnell eine Gemeinsamkeit finden, z.B. dass du dich auch aus einem ähnlichen Grund beeilen musst. Das hier sind die drei häufigsten Gründe, warum sie dringend weiter muss:

1. Ihr Zug, Bus oder Flugzeug startet gleich
2. Sie muss zur Arbeit oder Vorlesung
3. Sie geht zu einem Meeting

Also sagst du: „Lass mich raten, dein Zug fährt bald oder du musst zur Uni oder zu einem Meeting.“ Du sagst die drei Punkte in einem Satz. Sie wird dich unterbrechen und die Wahrheit sagen: „Ja, mein Bus fährt bald.“

PUA (Gemeinsamkeit): „Ich habe auch nicht viel Zeit, mein Zug geht gleich, aber eins muss ich dich noch fragen und dann muss ich direkt weiter.“

HB: „OK, aber schnell…“

Perfekt: Du hast jetzt zwischen 30 Sekunden und 2 Minuten Zeit gewonnen. Dann musst du deinen kurzen Opener bringen, der auch ein bisschen situationsabhängig ist und abschließend mit einem 2-Min N-Close den Sack zumachen.

„WARUM FRAGST DU GERADE MICH?“

Das passiert meist nur am Anfang, wenn du noch nicht genug auf den Opener kalibriert bist. Nach ein bisschen Übung wird dich keine Frau mehr fragen.

HB: „Warum fragst du gerade mich?“

PUA: „Na ja. Ich habe dich gesehen und ich habe mir gedacht, du könntest so freundlich sein und mir deine Meinung sagen.

Heutzutage trifft man nicht so oft interessante Menschen. Aber es ist OK."

Und dabei schaust du ein wenig traurig weg, so als ob du gehen willst, aber du gehst natürlich nicht. Nach einer kurzen Pause wird die Frau, wenn sie ein bisschen Gefühl hat und deine Traurig-Täuschung gut ist, anfangen zu reden.

Die Frau wird sich schuldig fühlen und wird es wieder gut machen wollen. Wenn sie nicht anfängt zu reden, dann machst du weiter mit dem Opener.

PUA: „Also noch mal. Ich würde wirklich gerne deine Meinung hören…"

„ICH HABE DICH MIT ANDEREN FRAUEN SPRECHEN GESEHEN"

Ich habe in meinem Leben Tausende Frauen angesprochen, manchmal alle Frauen in einer Bar. Alle haben mich gesehen. Ob du es glaubst oder nicht, ich habe diese Frage nie gestellt bekommen. Diese Frage kommt oft von meinen Studenten beim Bootcamp oder beim OneOnOne.

Frauen denken emotional. Männer logisch. Logisches Denken bedeutet, der Mann spricht mit vielen Frauen, er muss ein Macho sein. Frauen in ihrer Emotionalität denken aber der Mann spricht mit vielen Frauen, also kennt er viele Frauen.

Er muss folglich wichtig sein bzw. hat einen sozialen Wert. Das weckt in ihnen umso mehr den Wunsch, dich unbedingt kennen lernen zu wollen.

Zum besseren Verständnis, hier ein erlebtes Beispiel.
HB: „Ich habe dich beobachtet, du hast mit vielen Frauen gesprochen."

Es ist ersichtlich, dass es sich hier um einen Shit-Test handelt. Sie erwartet, dass du anfängst dich zu rechtfertigen, was auch alle AFCs in dieser Situation machen würden. Du machst aber das Gegenteil.

PUA lehnt sich zurück und erwidert ganz entspannt: „Ja, na und? Die Leute mögen mich und sprechen gerne mit mir. Ich spreche gerne mit Leuten. Ist das verboten? Ich bin ein lustiger Kerl. Willst du dich lieber mit einem Langweiler unterhalten, der alleine in der Ecke mit seinem Bier in der Ecke steht?"

Um mehr sozialen Wert bei diesem Satz zu zeigen, schau die HB nicht an, schau in den Raum (Vorsicht: bloß nicht auf den Boden oder an die Decke schauen). So zeigst du, dass du auch ohne sie mit anderen Leuten Spaß haben kannst. Wenn sie Spaß haben will, ist sie bei dir richtig, ansonsten wird sie etwas verpassen.

„DU BIST EIN ARSCHLOCH"

Manchmal, wenn die Party richtig läuft und ein Mann Späßchen macht, sagen Frauen einfach aus Spaß: „Ey du Arsch." etc.

Du siehst, Frauen können manchmal echt sehr unhöflich sein. Welcher Mann würde zu einer Frau, die er 10 Minuten kennt aus Spaß: „Ey, du Schlampe." sagen. Das ist einfach unvorstellbar. Auch nicht aus Spaß. Frauen machen das aber sehr oft. Um trotzdem deinen sozialen Wert zu halten, sage am besten diese zwei Sätze:

PUA im Set: „Hey, habe ich dich beleidigt? (Pause). Ich respektiere dich, deshalb sollte es das Normalste der Welt sein, mich genauso zu respektieren." Wenn ja, wird sie sich von nun an benehmen. Wenn nicht, lass sie stehen.

Wenn du schon alleine mit der Frau im Komfort bist:
PUA: „Bis jetzt habe ich von dir einen guten Eindruck, bitte mach den nicht kaputt."

„ICH WÜRDE GERNE ETWAS TRINKEN"

Viele Frauen kommen heutzutage ohne Geld oder mit wenig Geld in Clubs. Sie rechnen damit, dass sie von Männern auf Getränke eingeladen werden, mit ihren Freundinnen Spaß haben können, um dann nach Hause zu ihrem Freund zu gehen.

Viele meiner hübschen Freundinnen haben das auch so gemacht. Komischerweise hat es immer funktioniert und es wird auch immer funktionieren.

Meine 17-jährige Schwester hat mir von dieser Masche erzählt. Ich wusste das selbst mit 27 Jahren noch nicht. Hammer oder? Frauen haben weniger Maschen als Männer, aber diese sind dafür viel effektiver und natürlicher.

Diese Frauen kommen ohne Geld in den Club, sie wollen niemanden kennen lernen, weil sie schon einen Freund haben. Also wollen sie auch kein Geld in den Abend investieren. Es ist ein oft benutzter, wenn nicht sogar der häufigste Shittest.

HB nach einem lustigen aber kurzen Gespräch: „Ich habe Durst."
PUA: „Schau mal. Ich würde dich gerne einladen, aber ich kenne dich nicht. Wenn ich jede Frau, die ich nicht kenne einladen würde, dann wäre ich pleite. Aber wir haben ein sehr interessantes Gespräch und ich würde auch gerne was trinken. Ich würde mal vorschlagen, wir trinken zusammen etwas.

Heutzutage lassen sich viele Frauen einfach nur einladen. Ich weiß nicht, ob du auch so eine bist. Also, die erste Runde geht auf dich, die zweite auf mich."

Wenn die Frau an dir interessiert ist, macht sie mit. So hast du weiter Zeit gewonnen, während ihr auf eure Drinks wartet.

Lass sie dir zeigen, warum du sie einladen solltest, wenn sie ablehnt und sagt, dass Frauen so etwas nicht machen. Lass sie für dich arbeiten.

PUA: „Ich kenne dich zu kurz. Sag mir, was macht dich so interessant. Ich sehe du bist sehr hübsch, aber es gibt viele hübsche Frauen. Mich interessiert mehr was hinter der hübschen Fassade liegt. Das, was dich als Mensch ausmacht."

Wenn sie anfängt zu erzählen, dann ist sie interessiert, also kannst du ihr nach 20 Minuten auch einen Drink ausgeben. Wenn sie das ablehnen sollte und beleidigt wegläuft, hat sie einen Freund und will dich nur abzocken.

Es gibt dabei doch eine Ausnahme: Die Frauen aus Osteuropa sind so erzogen, dass der Mann automatisch die Frauen einlädt und immer zahlt. In dem Fall ist es im Gegensatz zu westeuropäischen Frauen kein Problem sie einzuladen.

Mir ist es öfters passiert, dass Frauen nach ein paar Minuten mit einem teuren Drink in der Hand zurückkamen. Irgendwelche AFCs hatten sie eingeladen, aber sie wollten sich lieber weiter mit mir unterhalten.

„MEINE NUMMER KRIEGST DU NICHT"

AFC: „Kann ich deine Nummer haben?"
HB: „Hm…besser nicht. Ich gebe meine Nummer ungern raus.".
AFC: „Warum?" und geben der Frau dann ihre Nummer.

Erkennst du dich wieder? Das passiert ziemlich oft bei AFCs und unerfahrenen PUAs. Immer wieder fragen mich Leute oder schreiben mir E-Mails, was sie in der Situation machen sollen.

Die Antwort ist: Nichts. Es ist schon zu spät. Ein N-Close sollte aus einer natürlichen Konversation heraus kommen. Als logische Folge, dass ihr beide euch bei irgendeiner Gelegenheit wieder sehen werdet. Wenn du das Gefühl hast, du könntest beim N-Close abgelehnt werden, dann wirst du es auch.

Wenn du dich aber schon mehr als 20 Minuten mit einer HB über Kunst, Politik, Partys etc. unterhalten hast, kannst du dir sicher sein, dass dein N-Close 100%ig solide ist und du die Frau auch wieder siehst.

Viele Männer interessiert nur die Nummer, sie vernachlässigen das eigentliche Ziel, die Frau wiederzusehen. Aber bei einer Reaktion, kann man auch eine N-Close Abfuhr noch retten:

PUA: „Wie kann ich mit dir im Kontakt bleiben?"
HB: „Hm…" Hier wirst du HB unterbrechen, weil du erkennst, dass sie zögert. Wenn die Frauen zögern sind sie sich unsicher. Du bekommst vielleicht die Nummer, aber siehst die Frau nie wieder. Sie gibt dir die Nummer, weil sie in dem Moment Ruhe von dir haben will.
PUA: „Oder weißt du was? Ich bin ziemlich beschäftigt, lass uns mal lieber E-Mail-Adressen tauschen."
Wenn sie dir dann die E-Mail-Adresse aufschreibt, sagst du:

PUA: „Du kannst ja auch gleich deine Nummer noch dazu schreiben!"

Wenn du es nicht schaffst, die Frau zu unterbrechen:
HB: „Hm…besser nicht. Ich gebe meine Nummer nicht raus."

PUA: Du machst eine Pause: „Mh… na ja, eigentlich will ich deine Nummer auch gar nicht, ich würde dich gern wiedersehen. Ich fand unser Gespräch recht interessant. Ich kenne eine schöne Strandbar, wir könnten hingehen, als Freunde und unser Gespräch weiterführen. Es kommt nicht oft im Leben vor, dass du nette Menschen einfach so auf der Straße triffst."

Du sprichst sehr langsam und baust so weiter Komfort auf. Du musst aufpassen, dass du sie nicht direkt nach ihrer Nummer fragst, weil sie jetzt ja weiß unter welcher Begründung sie dich ablehnen kann.

Also musst du einfach noch ein wenig langsam weiterreden. Am Ende machst du dann einen E-Mail-Close.

Auf keinen Fall darfst du die Frau bitten, dir ihre Nummer zu geben. Auch die Frage: „Warum nicht?“ Nachdem sie sich geweigert hat, dir ihre Nummer zu geben, solltest du unterlassen. Ansonsten verlierst du aus Sicht der Frau drastisch an sozialem Wert.

Hier will ich einen kleinen Vorgeschmack auf mein zweites Buch „Master dein Komfort“ geben.

Viele Männer versuchen hinter einem NEIN der Frau einen logischen Grund zu sehen. Oder schlimmer noch, die Machos unter den Männern verstehen ein NEIN als JA, und denken, dass die Frau eigentlich doch will und werden aufdringlich.

Nein bedeutet weder Ja noch Nein. Es bedeutet einfach, sie hat nicht genug Komfort und Vertrauen. Sie will nicht in der Art und Weise angemacht werden, wie du es getan hast.

Also musst du immer, wenn eine Frau ablehnt, weiter machen und mehr Komfort aufbauen, so dass sie sich gut fühlt und mehr Vertrauen gewinnt.

„DU BIST NICHT MEIN TYP“

Das kann bei der Frage nach ihrer Nummer – beim N-Close – passieren oder auch im Gespräch:

HB: „Ich gebe dir meine Nummer nicht, du bist nicht mein Typ.“
PUA ruhig und langsam: „Mh… hattest du schon einen Freund? Ich meine eine feste Beziehung?“

HB: „Klar..“

PUA: „Erinnerst du dich, dass du einen Typen gut fandest. Er gefiel dir total, aber dann nachdem du ihn richtig kennen gelernt hast, wurde dir klar, ihr seid absolut unterschiedlich.

(Pause – lass sie nachdenken. Das ist jeder Frau schon im Leben passiert). Aber dann hast du einen Mann kennen gelernt, der überhaupt nicht dein Typ war und trotzdem hast du mit ihm die schönste und intensivste Romanze erlebt.“

HB: „Stimmt.“ Jetzt bringst du einfach eine andere Story oder Routine. Du musst sie einfach mit irgendwelchen Sachen beschäftigen. Sie muss erst unterbewusst mitbekommen, dass du der nächste Traumprinz in ihrem Leben sein könntest. Ein kleiner Trick, der aber 100% funktioniert.

„ICH HABE KEINE ZEIT AUSZUGEHEN“

Bei dieser Antwort bist du ihr unwichtig. Andere Dinge sind ihr wichtiger als du. Wenn jemand wirklich angezogen von seinem Gegenüber ist, findet er immer Zeit.

Deshalb sollte dir immer direkt bewusst sein, auch wenn eine Frau so etwas am Telefon sagt, dass es sich um eine klare Abfuhr handelt. Deine einzige Chance ist, deine Anziehungskraft auf sie zu verstärken.

Oft passiert folgendes beim N-Close.
HB: „Ich gebe meine Nummer nicht raus, es hat keinen Sinn, ich habe keine Zeit."
Hier musst du einfach ihre Antwort ignorieren und anfangen eine neue Routine oder Story zu erzählen. Damit baust du mehr Komfort auf und auch Anziehungskraft. Nach gewisser Zeit fragst du nach ihrer E-Mail und sagst:

PUA: „Ich mache manchmal Partys mit Freunden. Wenn wir die nächste Party machen, schicke ich dir eine E-Mail und wenn du Zeit hast, kannst du dich ja entscheiden vorbei zu kommen. Du kannst auch eine oder zwei deiner Freundinnen mitbringen. Je mehr Leute da sind, desto lockerer/lustiger wird die Party…"

„ICH BIN NICHT VON HIER"

In dieser Situation musst du auf den E-Mail-Close gehen.

„DAS HABE ICH DOCH SCHON MAL IRGENDWO GEHÖRT"

Wieder ein Einwand, den ich selbst nie zu hören bekommen habe, aber häufig werde ich das von Leuten gefragt, die ein Lair besuchen.

Unter diesen Umständen ist das auch klar: Wenn sie mit einer Zehn-Mann Gruppe aus dem Lair ausgehen und eine Bar „killen“, werden sie den Spruch von Frauen zu hören bekommen.

Es ist auch wahrscheinlich, dass eine Frau den gleichen Opener mehrmals hört. Ich bin immer alleine oder mit einem, maximal mit 2 Wings ausgegangen.
Mit vier und mehr PUAs auszugehen, macht keinen Sinn. Die Frauen merken es und du wirst als schwächerer Mann beurteilt. Wenn du in einer Gruppe ausgehst, sei sicher, dass mindestens eine Frau zu eurer Gruppe gehört.

Ich gehe heute nur noch mit Frauen los, wenn ich sargen gehe oder mit 4 Frauen plus meinem Wing. Du solltest ebenfalls versuchen, regelmäßig solche Szenarien zu erreichen. Dann kannst du von dir sagen, du bist ein echter PUA.

Du hast aber grundsätzlich keine emotionale oder sexuelle Beziehung zu den Frauen. Sonst können sie dir deine Sets ganz schön vermiesen.

Sollte nun doch eine Frau sagen, den Spruch hat sie schon mal irgendwo gehört, bleib ruhig und sag:

PUA: „Echt? Es scheint sich also um die Frage des Abends zu Handeln. Und, was hast du geantwortet?“
Einfach weiter machen.

„MÄNNER SIND SCHWEINE“

Ob du es glaubst, oder nicht, aber die hübschesten Frauen sind öfter Single. Und auch wenn sie sagen, dass sie einen Freund haben, stimmt das nicht. Es ist nur eine Schutzfunktion.

Aber wenn du sie direkt so ansprichst und schon vorher annimmst, dass sie keinen Freund hat, dann öffnen sich die Frauen.

Wenn dir eine Frau im Gespräch etwas Lustiges oder Freches sagt:
PUA: „Hey, lass mich raten. Du hast bestimmt keinen Freund? Woran liegt das?“

Hier Lügen die Frauen nicht mehr, weil ihr eigentliches Problem beschäftigt sie viel mehr, weil es emotional ist. Und sie fangen an zu erzählen, weil sie sich präsentieren wollen, als diejenigen die, die Situation unter Kontrolle haben.

Starke Frauen können fragen, wie du darauf kommst. Hier musst du deinen höheren sozialen Wert halten und sagen: „Das sieht man doch.“ Sie könnte auch weiter fragen. Hier sagst du: „Das sag ich dir später. Erst mal will ich wissen, woran es liegt, dass du Single bist“.
Wenn die Konversation erst mal so weit ist, dann bedeutet das, dass ist Single sie. Oder sie hat einen Freund, aber liebt ihn nicht, also hast du große Chancen bei ihr.
Eine häufige Antwort: „Männer sind Schweine.“

Klar, in Deutschland wird es in den Medien immer wieder so dargestellt, dass Männer die Schuldigen sind, wenn irgendetwas Folgenschweres zwischen Mann und Frau passiert.

Jetzt fangen viele AFCs an zu reden, dass genau sie nicht so sind und damit haben sie es schon versaut. Aber hier kommt die sogenannte „PUA-Self-Preselection Routine“.
Sie basiert darauf, dass du deine Freunde lobst und dabei zeigst, dass jeder in deiner Welt auf dich zählen kann. Dabei musst du erwähnen, dass deine besten Kumpels und ihr fast Brüder seid und Freundschaft sehr viel für dich bedeutet.

Die HB hört über deine Kumpels nur das Beste und sie wird dich emotional als guten Mann ansehen. Darüber hinaus, wird sie sich innerhalb weniger Sekunden bereits sicher bei dir fühlen.

PUA: „Ja du hast Recht, Männer sind echt Schweine (das ist immer gut, du kommst als Frauenversteher rüber – das habe ich von einem Schüler gelernt). Aber weißt du, nicht alle sind so. Zum Beispiel mein bester Kumpel, der ist ein guter Mann, er ist Architekt und er macht das… und war da… (du erzählst interessante Sachen über ihn).

Und Freundschaften sind sehr wichtig für mich (die HB wird zustimmen, weil wenn sie Single ist, ihre Freundinnen für sie auch wichtig sind). Und wenn mein Kumpel Hilfe braucht, oder etwas von mir will, lass ich alles stehen und liegen, und stehe ihm zur Seite. Er macht das für mich genauso (hier kannst du eine Story einbinden). Wir sind echt sehr ähnlich.“

Du musst das alles in die Länge ziehen und die HB wird dich irgendwann unterbrechen und fängt an über ihre Freundinnen zu reden. Damit erzeugst du eine starke emotionale Verbindung. Aber

die Bemerkung, dass du und dein Kumpel sehr ähnlich seid, das musst du erwähnen.
Natürliche Konversation.

„ICH HABE EINEN FREUND"

Entweder ist das wahr, oder es ist eine klare Abfuhr, bei der man nichts mehr machen kann. Ab und zu sind in einem Set aber auch noch andere geile HBs. In dem Fall musst du eine gute Antwort parat haben. Eine der Frauen kann dich gut finden aber hat bis jetzt kein Wort gesagt.

Target: „Ich will dir meine Nummer nicht geben. Ich habe einen Freund."
PUA: „Ey, das finde ich gut. Ich bin sehr beschäftigt. Wenn ich dann mal keine Zeit für dich habe, hast du ja immer noch deinen Freund, mit dem du dich unterhalten kannst." HBs lachen. Dann kannst du höflich nach der E-Mail-Adresse fragen und sie zur Party einladen. Sie müssen außerdem noch weitere Freundinnen haben, die mindestens genauso attraktiv sind.

PUA: „Also dann wünsch ich dir noch einen schönen Tag. War nett dich kennen zu lernen. Ich und meine Kumpels machen manchmal Partys. Du kannst auch deine Freunde mitbringen." E-Mail-Close
Aber es kann passieren, dass du schon länger im Gespräch mit einer HB bist. Wenn sie hier sagt, dass sie einen Freund hat, gehst du so vor:

HB: „Ich habe einen Freund."

PUA knallhart: “Ist das deine große Liebe? Liebst du ihn? Wann werdet ihr heiraten?“

Keine Frau ist 100 % sicher, dass sie ihren Freund heiratet. Du schiebst die Beziehung in eine extreme Position und verunsicherst sie darin.
Wenn sie hier alles andere als „JA“ sagt, hast du bei dieser Frau Chancen und musst weiter machen.

Aber so, dass du gleich das Thema wechselst und dieser unsichere Spike weiter in ihrem Kopf bleibt – jetzt hast du stark mit ihren Emotionen gespielt.

DU BIST EIN PUA – ERWEITERE DIESE BOTSCHAFT

Bei einer Abfuhr musst du immer höflich bleiben. Ein Pick-Up Artist zu sein, ist ein Lifestyle und du musst diese Botschaft erweitern: Sei ein besserer Mann. Du musst jede Frau in einem besseren Gemütszustand verlassen, als du sie vorgefunden hast.

In jedem Set, egal wie stark dich die Frauen beleidigen, musst du immer höflich und cool bleiben:

PUA ganz ruhig nach einen Abfuhr: „Hat mich sehr gefreut euch kennen zu lernen. Ich wünsche euch noch einen angenehmen Abend."

Bei manchen Partys in London, wenn es bei einem HB10-Set schlecht lief, haben mich die HBs mit „Fuck Off" weggeschickt. Aber ich war trotzdem immer sehr höflich.
Nach paar Minuten kam eine HB aus dem Set zu mir und hat sich höflich entschuldigt. Ich habe sie dafür höflich full-geclosed.

Merke dir:

Ein Set ist nie vorbei. Man trifft sich im Leben immer zweimal.

Hier fällt mir eine gute Routine ein, wenn dir eine Frau eine falsche Nummer gibt, nicht zum Date erscheint oder nicht ans Telefon geht.

Viele AFCs werden hier sehr übertrieben reagieren, weil die Frau ihr Ego beleidigt hat.
Wenn du die Frau nach ein paar Wochen irgendwo wieder triffst, sagst du:

PUA: „Hey, wir kennen uns doch“ (erst mal sicherstellen, dass wir uns kennen).
HB lässig: „Ja, ich erinnere mich.“

PUA: „Ich weiß, das war nicht höflich von mir, dass ich mich nicht gemeldet habe. Ich bin ein Gentleman und du bist eine Lady und es ist immer nett dich zu treffen, sogar jetzt. Aber ich hatte das Gefühl, dass du so beschäftigst warst mit deiner Uni, mit deinem Job. Ich muss mich bei dir entschuldigen.“

HB merkt, dass du das nicht mitbekommen hast, dass sie dir eine falsche Nummer gegeben hat: „Aaa, das war Ok, ich war echt sehr beschäftigt mit ...“

Weiter natürlich.

Ich habe die Routine nur zwei Mal verwendet, aber beide Frauen habe ich F-geclosed.

STORY: STADTFÜHRUNG IN MIAMI

Anfang Juli war es in Miami richtig warm. Obwohl es ab und zu ein paar Wolken gab und auch mal einige Regentropfen fielen, lag der Hochsommer in der Luft. Und nirgendwo auf diesem Planeten habe ich einen so aufgeheizten Ozean erlebt, wie hier. Einen Tag vorher habe ich noch in Los Angeles gesurft, das Wasser war schon recht kalt, aber hier in Miami – das war schon zu heiß.

Es war Mittwoch und eigentlich ein ganz langweiliger Tag. Also habe ich während des Tages eine Stadtführung mit dem Bus unternommen. Keine Stadtführung zu den Stränden. Es war eine klassische Touristen-Führung durch die City. Also hätte man annehmen können, dass schnell Langeweile hätte aufkommen können. Aber ganz im Gegenteil: Ich fand es sehr interessant, diese Party Stadt mal aus einer anderen Perspektive kennen zu lernen.

Dabei waren ungefähr acht Frauen im Alter von 25 bis 45 und zwei ältere Männer um die 55 Jahre.
Die Frauen waren recht ruhig und haben nicht viel geredet. Dafür waren die zwei Typen umso redseliger. Sie gaben vor, in Miami geboren worden zu sein und jetzt nach einigen paar Jahren ihre Heimatstadt zu besuchen.

Dabei haben sie so getan, als ob sie Miami besser kennen, als die Stadtführerin selbst und keine Gelegenheit ausgelassen, sie zu unterbrechen und darauf hinzuweisen, dass sie dieses oder jenes noch erwähnen und oder hätte beschreiben sollen.

Am Ende der Stadtführung waren wir in einem kleinen Café, wo ich etwas zu einem Gebäude fragte. Und wieder haben die zwei „klugen Köpfe“ angefangen zu reden. Ich hab nur geschaut und erwartet, dass sich jemand meldet und etwas sagt. Aber da waren nur Frauen und die haben ganz höflich nichts gesagt.

Nach ein paar Minuten sind die Männer aufgestanden und nach Hause gegangen. Sie haben bestimmt gedacht, wie cool sie sind und wie toll die Frauen die beiden alten Säcke fanden.

Aber als sich die Tür des Cafés hinter innen geschlossen hatte, fingen die Frauen auf der Stelle an, ein einziges Läster-Konzert vom Stapel zu lassen.
Ich war richtig geschockt, weil ich nie gedacht hätte, wie sich Frauen so zusammen reißen und ganz entspannt und höflich zuhören können, aber hinterher der Damm derartig brechen kann. Offensichtlich waren sie sogar noch um einiges genervter als ich.

Mit dieser Story will ich nicht sagen, dass alle Frauen vorne herum höflich sind und hinten rum nur lästern – auch wenn es oftmals stimmt. Diese Story ist aber ein schönes Beispiel dafür, dass Frauen dich so gut wie nie beim Opening oder am Anfang unterbrechen werden, sie werden höflich zuhören. Deshalb brauchst du dich nicht beeilen und kannst langsam und locker deinen Opener erzählen. Wenn sie dich aber unterbricht, dann ist das nur deshalb, weil du ihr Interesse und ihre Emotionen geweckt hast.

Und das ist genau das, was wir wollen. Also lass sie IMMER ausreden..:)

Was passieren kann und wie du richtig reagierst

PLÖTZLICHER HANDYANRUF

In dieser Situation kannst du nur höflich sein und sagen: „Ist OK, ich kann warten.“
Wenn sie telefoniert, kannst du dein Handy rausholen und ein bisschen damit rumspielen. Dabei schon den nächsten Opener ausdenken.

Wenn sie fertig ist, kannst du beginnen mit: „Hey, gerade hat mir mein Kumpel eine SMS geschrieben, er hat folgendes Problem…“

EINE UG KOMMT DAZWISCHEN

Das ist das Schlimmste, was passieren kann. Du hast eine HB geöffnet z.B. an einer Haltestelle und bist mitten in einem netten Gespräch. Dann kommt plötzlich ihre unattraktive Freundin oder schlimmer noch, mehrere UGs. Wenn du jetzt nicht aufpasst, werden sie dir dein HB-Set kaputt machen.

Noch schlimmer wird es kommen, wenn eine der UGs auch noch die Anführerin der Gruppe ist.
Es gibt dann zwei Vorgehensweisen, die du nutzen kannst:

1. Du musst dich mit der UG schnell anfreunden. Also gleich einen neuen Opener nur für sie bringen.

PUA: „Hey, du könntest uns vielleicht helfen. Du siehst sehr nett und freundlich aus. Wir haben folgendes Problem..." ein paar Komplimente zur UG und dann Opener. Eine UG bekommt nie Komplimente, also wird sie sich freuen.

Oft sind die UGs ziemlich aggressiv und sie wird dich ignorieren, wenn sie mit deinem Target spricht. Dann werden dich plötzlich beide ignorieren.

Deshalb habe ich eine zweite Variante entdeckt, die noch viel effektiver ist aber eine gewisse Zeit an natürlicher Konversation voraussetzt.

2. Wenn die UG kommt, wirst du ihr erst einmal Komplimente machen. Du gibst ihr keine Chance ein Gespräch mit deinem Target anzufangen. Damit sie erst einmal ruhig ist. Dann drehst du dich zu deinem Target und sagst freundlich:

PUA: „Hey, ich sehe deine Freundin ist sehr nett. Ihr wollt jetzt doch sicher zusammen etwas unternehmen, also lass ich euch beide erst mal alleine und werde nicht weiter stören. Aber weißt du was, lass uns mal zusammen in diese coole Glasgalerie gehen, über die wir gesprochen haben. Wie kann ich mit dir in Kontakt bleiben?"

Deine HB gibt dir die Nummer. So hast du die UG am Ende total ins Abseits befördert und dabei auf elegantem Wege die Nummer deines Targets bekommen.

DU SPRICHST MIT EINEM SET, UND DIE UG ZIEHT DEIN TARGET WEG.

Meist sind sie dabei auch nicht gerade die Königinnen der Höflichkeit.

In dem Moment, wenn du merkst, dass mitten im Gespräch die UG an der Hand der HB zieht, sagst du:

PUA: „Hey, ich merke dass deine Freundin dich wegzieht. Ich meine, das ist sehr, sehr unhöflich. Das machen gut erzogene Mädchen nicht, jemanden einfach aus einem Gespräch wegzuziehen."

Und du erzählst weiter deinen Opener. In diesem Moment wird die UG aufhören, weil es ihr sehr peinlich ist. Und die HB wird auch da bleiben, weil sie zeigen will, dass sie nicht so schlecht erzogen ist, wie ihre kleine quengelnde Freundin.

DU GAMEST EINE HB8 UND IHRE FREUNDIN HB10 KOMMT HINZU

Jeder normale Mann wird liebend gerne sofort das Taget wechseln. Aber das darfst du nicht machen, damit würdest du beide verlieren.

Die Situation ist so: Die HB10 zeigt Interesse, aber sie will dich nicht wirklich. Sie will nur ihrer Freundinnen beweisen, dass sie jeden Man haben kann. Das passiert immer unterbewusst. Jeder AFC fällt leider darauf rein und zeigt gleich Interesse an der HB10. Sofort denken die Frauen, er ist schlichtweg schwanzgesteuert und sind schneller weg als du denken kannst.

Deshalb bleibe bei deiner HB8, aber um besser eskalieren zu können, schiebe einen Eifersuchts-Spike ein. Das geht so: Mach ein Späßchen mit beiden, mach beiden Komplimente, spiele mit deiner Körpersprache, etc.

Aber verteile deine Aufmerksamkeit dabei immer gleichmäßig auf beide, so dass sie nicht wissen, welche du besser findest. Immer im Hinterkopf haben, dass die HB10 dich nicht wirklich will, aber die HB8 muss so um dich kämpfen.

Damit steigt deine Anziehungskraft auf sie exponentiell an. Eifersucht ist das stärkste Eskalationswerkzeug jedes MPUAs. Darüber mehr in meinem zweiten Buch.

WENN EIN FREUND VON DER HB HINZU KOMMT

In diesem Fall musst du dich ähnlich wie bei der zweiten Variante verhalten, in der eine UG dazwischenkommt. Ein Unterschied ist mir in Deutschland aufgefallen.

Männer, die eine HB schon etwas länger kennen, denken sie hätten irgendwelche Rechte an ihr und versuchen dich runter zu machen. Dafür eignet sich gut Amoging.

Du zeigst dem Mann also, wer der Ranghöhere von euch ist. Es gibt verschiedene Arten von Amoging. Viele Leute können nicht Amoggen. Sie denken, sie müssen Alpha sein.
Erst einmal musst du sicher gehen, dass sie keine sexuelle Beziehung haben. Also fragst du die HB:
PUA: „Woher kennt ihr euch?“

HB: „Nur Freunde“ oder „Wir haben uns gerade kennen gelernt.“ Klar wenn du den Typen fragst, sagt er dir, sie sind schon seit 100 Jahren verheiratet.

Dann kommt dein Amoging:
PUA: „Ey du scheinst ja ein echt cooler Typ zu sein, du musst einen Hammer Job haben. Was machst du denn?“

Hier wird er definitiv anfangen über seinen Job zu erzählen. Der Trick ist, dass AFCs ihre Jobs nicht mit DHV erzählen können. (DHV – Das Beherrschen einer Erzählweise, die dein Leben und deine Persönlichkeit in einer positiven Art vermittelt. Wird in „Master dein Komfort“ beschrieben.)

AFCs können ihren Job nicht spannend beschreiben. Für Frauen wird es schnell langweilig. Du nutzt diese Schwäche des Typen jetzt gnadenlos aus.

AFC: „Ich bin ein IT-Experte der größten IT-Firma der Welt.“
Jetzt kommt deine Killer-Frage.

PUA: „Wow, das muss ja interessant sein. Sag mir, was machst du da eigentlich.“
Du fragst ihn Details, die ihn keiner vorher gefragt hat. Wenn du jemandem sagst, du bist in der IT-Branche schalten alle direkt gedanklich ab und keiner fragt weitere Dinge über deinen Beruf. Also wird der AFC keine DHV Antwort vorbereitet haben und erzählt totalen Schwachsinn.

AFC begeistert: „Ich arbeite mit Mega, Giga, Terra Bytes. Das ist so geil! Da sind Memories, Motherboards, Pixel, PHP, JAVA, etc.“

Die HB gähnt, langweilt sich immer mehr und schiebt den AFC immer tiefer in die Langweiler-Schublade.
Wenn der AFC fertig ist, sagst du:

PUA: „Hey, ich sehe dein Freund ist sehr nett und ich glaube ihr wollt sicher zusammen weiter über seinen interessanten Job reden, also lass ich euch beide lieber in Ruhe und werde euch nicht weiter stören. Aber weißt du was, lass uns mal zusammen in diese coole Galerie gehen, über die wir vorhin gesprochen haben. Wie kann ich mit dir Kontakt aufnehmen?“

Sollte dich ein Typ auf einer Party im Gespräch zwischen dir und die HB drängen, ziehst du die HB mit dir weg, nach dem du ihn wie oben beschrieben geamogged hast.

PUA: „Hey, komm her, wir trinken was und ich zeig dir etwas Interessantes. Hat schon mal jemand deine Handlinien gelesen?“

Damit ist der AFC raus und die HB freut sich wieder, sich mit dir zu unterhalten.

IHR RICHTIGER FREUND KOMMT HINZU

Das ist eine sehr unangenehme Situation. Dabei musst du nur cool bleiben und auch die Wahrheit sagen:

PUA: „Ey, ich habe gerade diese junge Dame angesprochen und sie hat mir erzählt, dass sie einen Freund hat.“

AFC: „Das bin ich…“ Wenn der AFC klein und schwarzhaarig ist.

PUA: „Ehrlich? Sie hat von einem großen, blonden mit blauen Augen erzählt, der lebt nicht hier. Also eine Fernbeziehung.“

HB: „Was? Das habe ich gar nicht gesagt.“

PUA: „Na ja, ich wünsche euch ihnen noch einen schönen Tag.“
Damit lenkst du von deinem Approach ab, weil manche AFCs aggressiv sein können.

SIE MUSS PLÖTZLICH WEG

Das passiert ziemlich oft. Man muss sehr schnell reagieren und einen N-Close machen.

PUA: „Wie kann ich mit dir in Kontakt bleiben?“
Wenn da vorher nur ein kurzes Gespräch war, wird es wahrscheinlich nichts. Aber wer weiß, du musst auf jeden Fall einen N-Close machen. Ohne nachzudenken - einfach machen.

STORY: MEIN –EX

In manchen Ländern muss ich erst einmal überlegen, ob ich eine Frau anspreche. Vor ein paar Jahren, als ich noch totaler AFC war, wäre ich auf einer Party auf dem Balkan fast in eine Schlägerei verwickelt worden, weil ich eine HB 11 frech angeschaut habe.

In Westeuropa ist das generell kein Problem. Bis auf kleine Ausnahmen. Einmal war ich auf einer Sportler Party in London mit vielen Rugbyspielern.

In 2 Minuten war ich in dem heißesten Set des Abends. Plötzlich hat die HB angefangen zu zögern und so bremste ich auch meine Kino-Eskalation. Ich fragte, was denn los sei. Sie sagte: „Na ja, mein Ex ist hier…“ „Na und?“ sagte ich. Darauf sie:
„Aber er weiß es noch nicht, dass er Ex ist…“

Fazit

Ich habe all diese Opener im Kopf und kann jeden einzelnen zu jeder Zeit in jeder Situation benutzen. Diesen Stand solltest du auch erreichen.

Dieses Buch ist ein Produkt meines Lebens. Hier drin steckt sehr viel von der Energie, die ich auch angewandt habe, um mit Frauen glücklich zu werden.

Ich weiß, dass dir dieses Buch auf deinem persönlichen Weg sehr weiterhelfen wird.

All das Wissen, das ich in mühevoller Kleinarbeit erlernt habe, steht dir nun zur Verfügung.

Alle die Schwierigkeiten und Fehler, auf die ich bei meinem Weg gestoßen bin, brauchst du nicht zu machen.

Du kommst direkter zu deinem Ziel. Alles hängt nun von einer Sache ab. Ich glaube an alle Opener in diesem Buch und bin zu 100% von ihnen überzeugt. Das ist auch mein letzter Ratschlag für dich: Mach es genauso. Glaube an jeden Opener, den du verwendest. Genauso wie an dich selbst.

Bis bald.
Milan

Boni zu diesem Buch

Mit dem Kauf dieses Buches erhältst du automatisch verschiedene kostenlose Boni, die dich in deinem Game ganz nach vorne bringen werden:

BONUS 1: Ein Gutschein für jeden Workshop von PUATraining.de (Ansprechkurs, Bootcamp, Einzeltraining, Sieben Tage Platinum-Kurs) im Wert von **50,- Euro**.
PUATraining ist der einzige Workshop-Anbieter mit Model-Helferinnen.
Unsere erfahrenen Trainer zeigen dir, wie einfach es ist, auf der Straße oder in der Disco (VIP Gästeliste im Preis enthalten) Frauen auf natürliche Weise erfolgreich anzusprechen und zu verführen.

BONUS 2: Alle Opener - passend für jede Situation - stehen auf der Webseite als Download auf dein Handy zur freien Verfügung.

BONUS 3: Du erhältst zusätzlich Milans persönliche Tipps und Tricks "Mit effektivem SMS-Game zum sicheren Date"

Alle Boni werden fortlaufend aktualisiert. Siehe:

www.PUATraining.de/boni.html

Wenn du dich mit Namen und Email-Adresse auf unserer Website einträgst, bekommst du sofort alle Boni in einem Paket automatisch an dein Postfach zugestellt.